# 창의적 코딩
# 교육

중등교사를 위한 코딩교육 길라잡이

# 창의적
# 코딩교육

**펴낸날** 2020년 10월 10일 1판 1쇄

**지은이** Josh Caldwell(조쉬 콜드웰)
**옮긴이** 곽소아, 장윤재
**펴낸이** 김영선
**책임교정** 이교숙
**교정교열** 양다은
**경영지원** 최은정
**디자인** 바이텍스트
**마케팅** 신용천

**펴낸곳** (주)다빈치하우스-미디어숲
**주소** 경기도 고양시 일산서구 고양대로632번길 60, 207호
**전화** (02) 323-7234
**팩스** (02) 323-0253
**홈페이지** www.mfbook.co.kr
**이메일** dhhard@naver.com (원고투고)
**출판등록번호** 제 2-2767호

**값** 18,800원
**ISBN** 979-11-5874-085-6

이 도서의 국립중앙도서관 출판예정도서목록(CIP)은 서지정보유통지원시스템 홈페이지(http://seoji.nl.go.kr)와
국가자료공동목록시스템(http://www.nl.go.kr/kolisnet)에서 이용하실 수 있습니다.(CIP제어번호: CIP2020034710)

중등교사를 위한 코딩교육 길라잡이

# 창의적 코딩
# 교육

중학교 학생들을 위한
범교과적 컴퓨터 과학 통합수업 및 교수전략

Josh Caldwell(조쉬 콜드웰) 지음
곽소아·장윤재 옮김

미디어숲

# 📖 차례

# 📖 ISTE 소개

ISTE<sup>International Society for Technology in Education</sup>는 전 세계의 교사와 교육자들을 지원하는 비영리 단체로서, 유·초·중등 학생들의 학습에 대한 권리를 보장하고 이를 더욱 신장시키는 데 앞장서고 있습니다. ISTE는 전 세계에 걸쳐 10만 명이 넘는 교육 관계자들에게 양질의 교육 콘텐츠와 서비스를 제공하고 있습니다.

ISTE의 혁신적인 행사인 ISTE 컨퍼런스 & 엑스포는 전 세계에서 가장 규모가 큰 에듀테크 행사 중 하나로 꼽힙니다. ISTE 표준은 다양한 학습 분야에서 폭넓게 활용되고 있으며, 디지털 세대를 위한 교수학습자료와 웹 세미나, 온라인 교육, 학교 및 지역구를 위한 교육 컨설팅, 도서, 양질의 온라인 학습자료, 학술 논문<sup>peer-reviewed journals</sup>과 발행물 등 전문 학습자료들 역시 널리 활용되고 있습니다. 자세한 내용은 ISTE의 공식 홈페이지(https://www.iste.org) 에서 확인하시기 바랍니다.

## 지금 바로, 열정적인 ISTE 교육자 커뮤니티에 참여하세요!

ISTE 연간 회원에게는 일 년 동안 전문역량 개발 기회가 주어지며, ISTE 자료구입 및 컨퍼런스 등록 시 할인 혜택을 받을 수 있습니다. 게다가 ISTE 멤버십은 여러분을 교육자 네트워크에 연결해 줍니다. ISTE 멤버십 회원은 필요시 조언과 실제적 도움을 즉각적으로 받을 수 있습니다.

멤버십 안내 웹 페이지(https://iste.org/membership) 에서 더욱 자세한 내용을 확인할 수 있습니다.

교실 수업에서의 코딩과 컴퓨팅 사고를 소개한 ISTE 도서 시리즈인 하이디 윌리엄즈의

"두렵지 않은 코딩교육[1]"도 참고 바랍니다.

ISTE 자료실(https://id.iste.org/connected/resources)에 접속하면 ISTE에서 출간한 모든 도서들을 확인할 수 있습니다.

---

1) 원제목 : No Fear Coding: Computational Thinking across the K-12 Curriculum, by Heidi Williams.
번역서 : Heidi Williams (2019). 두려움 없는 코딩교육 (곽소아, 장윤재 역). 미디어숲.

# 📖 저자소개

조쉬 콜드웰Josh Caldwell은 코드닷오알지Code.org의 교육과 정 팀의 리더로 K-12 학생들을 위한 컴퓨터 과학 교육과정 개발 과정을 총괄했습니다. 현재는 구글 컴퓨터 과학 커리큘럼 전문가로 재직하고 있습니다.

최근에는 교육과정 개발 과정 가이드를 비롯하여 전 세계의 교사들을 위한 전문적인 학습 워크숍을 운영하고 있습니다. 그중에서도 다른 교과를 담당하는 교사들이 컴퓨터 과학 교육을 시작할 수 있도록 돕기 위해 많은 노력을 기울이고 있습니다.

조쉬는 코드닷오알지에 재직하기 전에 미국 워싱턴 주에 위치한 시애틀 소재 중학교에서 영어 과목을 가르치면서 중학생들을 위한 컴퓨터 과학과 로봇공학 과정을 개발하기도 했습니다.

# 📖 감사의 말씀

제일 먼저 나의 아내, 매건에게 깊은 감사를 전합니다. 제 아내는 이미 다른 일정들로 꽉 채워진 바쁜 일상에도 불구하고 제가 "한 가지만 더"를 요구할 때마다 묵묵히, 그리고 끊임없이 저를 지원해 주었습니다.

제가 컴퓨터 과학 교육에 대해 배우고 교육과정을 개발할 수 있도록 지원해 주신 하디 파르토비[2]와 코드닷오알지의 모든 직원들에게도 고마운 마음을 전합니다. 특히, 제가 도전하고 배우는 과정에서 진정한 교육자로 거듭날 수 있도록 물심양면으로 도와주신 교육과정 팀원들에게 많은 빛을 졌습니다. 엘리자베스 베이컨, 사라 필먼, 베이커 프랭크, 대니 맥어보이, 브룩 오스번, 키키 프로츠먼, GT 브로벨, 팻 용프라딧 등 모두에게 감사드립니다.

컴퓨터 과학을 과학과 수학에 각각 통합하는 방법에 영감을 주었던 아이린 리와 엠마누엘 샨저에게도 감사의 말씀을 전합니다.

마지막으로, 워크숍을 진행하면서 훌륭한 교사분들을 직접 만날 수 있었던 것은 제게 크나큰 행운이었습니다. 워크숍에 참석하셨던 헌신적인 선생님들 덕분에 제가 기대했던 것보다 더욱 다양한 경험과 영감을 얻을 수 있었습니다. 감사합니다.

나의 멘토, 수 러셀Sue Russell에게
당신은 오늘날 제가 걷고 있는 길을 인도해 주셨습니다.
당신이 제게 주신 가르침은
학생 한 명, 한 명에게 진정으로 책임을 다하도록 합니다.

---

2) 코드닷오알지(Code.org)의 창립자

# 📖 시작하며

　인종, 성별, 종교 혹은 문화적 신념에 관계 없이 모든 학생은 컴퓨터 과학을 배울 수 있는 기회를 가져야 합니다. 학생들이 컴퓨터 과학의 기본 역량을 갖추면 창의력과 문제해결력을 향상시키고 미래 직업을 성공적으로 준비할 수 있습니다. 지난 10년 동안 교육 분야에서는 STEM[3]과 컴퓨터 과학 분야가 중심이 되어 대대적인 교육혁신을 추진해 왔습니다. 하지만 여전히 주요 국가나 주요 도시를 벗어난 소외된 지역에는 컴퓨터 과학 교육에 필요한 자원이 턱없이 부족하고, 아프리카계 미국인이나 히스패닉계 여성들은 테크놀로지 분야의 직장에서 백인 남성과 동등한 대우를 받지 못하고 있습니다.

　이러한 문제의 가장 큰 원인은 바로 다양성Diversity입니다. 관련 통계에 따르면 기술 분야의 직업군에서 여성 대표의 비율이 남성에 비해 상대적으로 낮으며 이러한 차이는 취학 연령에서부터 비롯되는 것으로 나타났습니다. 오늘날 여자 중학생의 74%가 STEM과 컴퓨터 과학 분야에 높은 관심을 보이지만, 이 중에서 약 4%의 여학생만 대학에서 관련 분야를 전공하고 있습니다.


　이러한 심각한 통계 결과를 바꾸기 위해서는 여학생들을 되도록이면 어릴 적부터 STEM과 컴퓨터 과학 분야에 참여시키고, 관련 직업에서 여성 대표에 대한 인식과 사고방식을 변화시켜야 합니다. 이를 위해서는 가장 먼저 교사들이 변해야 합니다. 컴퓨터 과학 교육과 STEM 교육은 더 이상 선발된 학생이나 영재 학생, 또는 특별한 재능을 가진 학생들만을 위한 것이 아닙니다. 우리는 교육자로서 어떠한 편견이나 고정관념에 갇혀있지는 않은지 되돌

---

3) 과학(S: Science), 기술(T: Technology), 공학(E: Engineering), 수학(M: Math)

아보아야 합니다. 그리고 학생들이 할 수 있는 것, 학생들이 원하는 것은 무엇이든 할 수 있도록 지지하고 격려하기 위해 노력해야 합니다. 학생들이 꿈을 향해 최선을 다하고 최고가 될 수 있도록 곁에서 용기를 주세요. 그리고 다양한 분야를 탐구하고, 실생활과 관련된 경험을 하고, 창의적인 사고를 할 수 있도록 도와야 합니다. 이보다 더 좋은 방법은 학생들이 틀에 박힌 생각이나 고정관념에 사로잡히지 않도록 하는 것입니다.

우리 교사들이 변화를 이끌 수 있습니다! 이제 컴퓨터 과학은 똑똑한 괴짜들을 일컫는 "너드nerds"만을 위한 것이 아니라 모든 학생이 배워야 하는 것임을 이해하고 기존 사고방식을 적극적으로 변화시켜야 합니다. 코딩은 누구나 배울 수 있습니다. 기존 사고방식에서 벗어나 컴퓨터 과학과 STEM 분야에서 여성의 진출이 남성에 비해 상대적으로 낮은 이유가 무엇인지 논의해 보세요.

어떻게 하면 우리가 학생들에게 훌륭한 롤 모델이 될 수 있을까요? 누가 기술 분야의 직업을 가질 수 있는지, 혹은 그렇지 않은지에 대한 편견을 어떻게 없앨 수 있을까요? 학생들이 원하는 것을 이루도록 용기를 북돋아주세요. 교실에서, 지역사회에서, 그리고 가정에서부터 컴퓨터 과학과 STEM 분야를 대표하는 사람들을 바꾸어봅시다.

『창의적 코딩교육』은 교실 수업에서 컴퓨터 과학을 처음으로 도입하는 데 꼭 필요한 가장 완벽한 교재입니다. 이 책의 저자인 조쉬 콜드웰은 중학생들이 컴퓨터 과학과 관련된 다양한 문제를 해결할 수 있도록 교실, 교육 지구school district, 지역사회 차원에서 적용할 수 있는 여러 가지 교수학습전략들을 제시합니다. 모든 중등 교사들을 위한 책으로, 컴퓨터 과학에 대해 얼마나 잘 알고 있는지, 컴퓨터 과학 관련 역량이 얼마나 높은지는 전혀 중요치 않습니다.

이 책의 저자는 모든 교과 영역에 컴퓨터 과학을 통합하고 효과적으로 수업을 진행할 수 있도록 독자 여러분을 안내할 것입니다. 저자는 기존 교과에 컴퓨터 과학 개념이나 관련 활동을 통합한다고 해서 추가적인 업무가 반드시 필요한 것은 아니라는 것을 잘 보여줍니다. 이 책은 교사들이 기존 교과에 컴퓨터 과학을 통합하기 위해 곧바로 적용할 수 있는 프로젝트 활동, 교수학습자료, 교수학습전략들을 제시해 주는 훌륭한 교재입니다.

컴퓨터 과학이 다양한 교과에 쉽게 통합되는 것을 교사가 직접 확인하는 것이야말로 주변의 고정 관념들을 깨뜨리는 데 도움이 될 것입니다. 여러분은 이 책에서 소개하는 활동을 통해 누구나 코딩을 할 수 있고, 누구나 컴퓨터 과학을 통해 미래 사회가 요구하는 역량을 배울 수 있다는 것을 확인할 수 있을 것입니다!

**킴벌리 레인 클라크**(Kimberly Lane Clark, Ed.S) : 미국 전역에서 수상 경력을 자랑하는 교육자이자 강연자입니다. 주로 텍사스 주에서 활동하고 있으며, 교육공학 학사 학위와 중등교육 석사 학위를 취득했습니다. 이후 잭슨 주립대학에서 중등교육을 위한 교육공학 전공으로 교육전문가 자격증을 취득했습니다. 킴벌리는 11년 전에 교육용 테크놀로지 분야에서 경력을 쌓은 뒤 미시시피주와 텍사스주에서 K-12(우리나라 유치원부터 고등학교 3학년까지) 학생들을 가르쳤습니다. 이후 현재까지 컴퓨터 과학 통합, 블렌디드 학습 전략, 교육용 테크놀로지 분야의 전문가로 온-오프라인을 넘나들며 수백 명의 교사들을 코칭하고 있습니다.

대학 내 테크놀로지 코디네이터로도 활동했던 킴벌리는 지난 2016년에 TED-Ed의 혁신적인 교육자[4]로 선정되었으며, 2017-2018 ISTE 컴퓨터 과학 네트워크 회장으로 선출되었습니다. 현재는 텍사스 교육구의 블렌디드 학습 전문가로 활동하고 있습니다.

---

4) TED-Ed Innovative Educators 프로그램은 전 세계 교사들이 국가와 학교장벽을 넘어 서로의 아이디어를 공유하고 혁신적인 아이디어를 실현할 수 있도록 지원하는 1년 단위의 프로그램입니다.

# 📖 이 책을 소개합니다

가르치는 일은 저의 두 번째 직업이 되었습니다. 대학원에 진학하여 지도 교수님을 처음 만났을 때, 제가 아이들 특히 중학교 학생들과 함께하는 활동을 무척 좋아한다는 사실을 깨닫게 되었습니다. 하지만 이때까지만 해도 제가 아이들에게 가르치고 싶은 것은 물론이고 심지어 제가 가르칠 수 있는 것이 무엇인지 미처 몰랐습니다. 대학에서는 연극을 전공했지만, 극장에 자주 들를 수 없었고, 종종 IT 기술을 사용하여 과제를 해야 했습니다. 그때 코딩을 조금씩 경험하였고, 과제 때문에 시작한 코딩이었지만 일상의 즐거움이 되기도 했습니다.

저는 컴퓨터 과학이 기본 기술을 가르치는 과목이자 즐겁게 가르칠 수 있는 과목이라 생각했습니다. 그런데 컴퓨터 과학 교사 자격증은 별도로 없다고 들었습니다. 그래서 컴퓨터 과학 교사는 제게 신비한 존재였습니다. 저를 지도해 주셨던 교수님들은 컴퓨터 과학을 가르치는 교사가 있다는 것만 알고 계셨을 뿐, 제게 컴퓨터 교사가 되기 위한 방법을 알려주실 수 있는 분은 단 한 명도 없었습니다.

결국, 대학을 졸업할 즈음 제가 가진 역량과 관심사를 충분히 고려하여 영어(English Language Arts, ELA)[5] 교사 자격을 취득했습니다. 영어 교사가 되기 위한 "자격을 갖춘 것"을 증명하기 위해서는 일정 수준 이상의 충분한 학점을 취득했다는 것을 증명해야만 했습니다.

---

5) 미국 영어 교과의 정식 명칭은 '영어 및 역사/사회, 과학, 기술 교과의 문해 능력을 위한 교과(English Language Arts & Literacy in History/Social Studies, Science, and Technical Subjects)'입니다. 우리나라의 언어과에 해당하는 이 교과는 전통적으로 영어교과에서 다루었던 읽기, 쓰기, 말하기/듣기, 언어능력 외에도 역사 및 사회, 과학, 기술교과 등 타 교과에서 요구되는 학문적 문해 능력을 함께 다루고 있습니다.

저는 영어를 가르치는 일을 사랑했고, 학생들을 잘 가르치고 있다고 생각했습니다. 하지만 영어 교과를 사랑하는 마음에도 불구하고 마음 한켠에는 여전히 해결되지 않는 무언가가 있었습니다.

저는 컴퓨터 과학 관련 경험을 했던 것이 제게 많은 도움이 된다는 사실을 알고 있었습니다. 생각하는 방식을 변화시켜주었고, 흥미로운 문제를 직접 만들고 해결하는 과정이 즐거움으로 다가왔습니다. 하지만 제가 가르치는 학생들도 컴퓨터 과학을 경험하도록 할 수 있는 방법이 없었습니다.

저는 부모님으로부터 관심 분야를 향한 격려와 지원을 받았고, 이것이 제게는 일종의 특권이 되었다고 할 수 있습니다. 하지만 강력한 힘으로 변화를 이끄는 컴퓨터 과학에 대한 접근 기회는 누군가에게만 주어지는 특권이 되어서는 안됩니다.

가정에서 값비싼 코딩 캠프 비용을 감당할 수 있는 학생들만 컴퓨터 과학을 배울 수 있는 것이 아닙니다. 모든 학생들이 사회에 참여하고 공헌하며 성공적인 삶을 살 수 있도록 이끌어 주지 못한다면, 공교육의 목적은 무엇일까요?

오늘날 학생들은 최소한 컴퓨터 과학과 관련하여 코드를 읽고 코드를 작성할 수 있어야 합니다. 제가 소속했던 교육구가 이러한 지원을 하지 않던 때에는 제가 직접 학생들을 도와야 했습니다. 제가 맡은 영어 수업에서 작은 프로젝트 활동에 프로그래밍과 컴퓨팅 사고를 통합했습니다.

처음에는 과제를 하는 도구를 바꿔보도록 했습니다. 예를 들어 학생들이 발표용 파워포인트 자료 대신 웹페이지를 만들거나 게임을 만들도록 과제를 내주었습니다. 사실, 초기에 이러한 시도는 학생들에게 컴퓨터 과학의 핵심 요소를 가르쳐주는 것보다는 학생들이 컴퓨터 과학에 더 많이 참여하도록 유도하는 당근과도 같습니다.

어느 정도 시간이 흐르자 학생들은 영어 교과에서 성공적으로 학습을 하기 위해 필요한 역량과 코딩을 통해 개발하고 있는 역량의 교차점을 찾게 되었습니다.

저는 영어 공통 핵심기준Common Core ELA standards[6]에 컴퓨팅 사고와 컴퓨터 과학 개념을 통합한 수업과 활동들을 개발하면서 더 많은 학생들을 가르치기 위한 방법을 찾게 되었습니다. 학생들과 시poetry를 이용하여 대화하는 것보다, 모바일 폰을 이용하여 대화하는 것이 더 익숙해졌습니다.

이후 전업 컴퓨터 과학 교사를 거쳐 마침내 컴퓨터 과학 교육과정 개발자와 교사 퍼실리테이터가 되었습니다. 저는 학생들조차 서로 다른 영역이라 생각했던 두 교과를 처음으로 연결했던 그 순간을 결코 잊지 못합니다.

제가 컴퓨터 과학 교사 자격을 갖춘 이후로 많은 것들이 변했습니다. 이 책을 쓰고 있는 기준으로, 미국 전역의 32개 주와 워싱턴 D.C.에서 컴퓨터 과학 수업을 하고 있으며, 11개 주에서는 컴퓨터 과학 표준을 채택했습니다. 몇몇 주에서는 컴퓨터 과학 교사 자격 취득을 위한 별도의 과정을 마련했습니다.

컴퓨터 과학 분야는 계속 성장하고 있지만, 여전히 갈 길이 멉니다. 특히 코드닷오알지의 2017 보고서에 따르면 미국 내 새로운 임금(賃金, wages) 중에서 1위가 컴퓨팅 분야의 직업인 반면, 대학에서 컴퓨팅 관련 전공을 마친 졸업생이 부족하여 약 50만 명의 일자리가 아직 채워지지 않고 있는 것으로 나타났습니다.

컴퓨터 과학을 핵심 교과에 통합하려는 주요 목적은 다음 두 가지입니다.

첫째, 컴퓨터 과학 수업이 별도로 편성되어 있지 않은 학교에서도 학생들이 컴퓨터 과학을 경험할 수 있도록 합니다.

둘째, 학생들이 컴퓨터 과학과 관련된 상황을 경험함으로써, 실생활에 적용할 수 있습니다.

---

6) 2010년에 발표된 공통핵심기준은 K-12 학생들이 도달해야 할 수행기대입니다. K-12 학생들이 대학과 직장, 인생을 성공적으로 준비하고 21세기 인재로서 경쟁력을 갖도록 필요한 지식과 기술을 갖춘 상태에서 고등학교를 졸업하도록 하는것을 목표로 두고 있습니다. 이를 위해 영어(우리나라 언어 교과에 해당됨)와 수학의 핵심적인 내용을 교과, 영역, 학년별로 세분화하여 제시하고 있습니다.

※ 영어 공통핵심기준 : https://bit.ly/CCSS-ELA-Standards
※ 수학 공통핵심기준 : https://bit.ly/CCSS-Math-Standards

# 📖 누구를 위한 책인가?

이 책은 컴퓨터 과학에 대한 사전 지식이나 코딩 경험이 없이도 누구나 활용할 수 있습니다. 이 책의 목표는 컴퓨터 과학과 중학교의 핵심 교과 영역이 자연스럽게 통합되는 모습을 보여주는 것입니다. 컴퓨터 과학과 특정 교과 영역을 높은 수준으로 연결하는 방법을 제시하는 것 외에도 교실에서 컴퓨터나 기술을 사용하지 않아도 컴퓨터 과학 개념을 소개할 수 있는 CS 언플러그드 웹사이트(https://www.csunplugged.org) 활동들을 함께 소개합니다.[7]

마지막으로, 각 교과별 주제에 맞는 코딩 프로젝트를 소개합니다. 이 책에 수록된 프로젝트는 약간의 코딩만으로 완성할 수 있는 초보자 수준부터 컴퓨터 과학 개념들을 두루 포함하여 다양한 기능을 표현하는 수준까지 학생들이 다양한 수준을 경험할 수 있도록 개발되었습니다.

## 무엇이 "코딩"이고 "컴퓨터 과학"인가?

이 책에서는 코딩과 컴퓨터 과학을 모두 언급합니다. 두 용어가 마치 서로 대체할 수 있는 것처럼 보이지만(때로는 종종 두 가지 용어를 혼용해서 사용하지만), 사실 코딩과 컴퓨터 과학은 엄연히 다릅니다.

---

7) 컴퓨터가 없는 환경에서 컴퓨터 과학 원리나 개념을 쉽게 이해하고 학습할 수 있도록 놀이나 퍼즐을 이용하여 배우는 컴퓨터 과학 분야의 교수학습방법입니다.

코딩Coding은 컴퓨터가 처리할 코드를 작성하는 행위입니다.

컴퓨터 과학Computer science, CS은 정보처리, 하드웨어와 소프트웨어의 설계 및 상호작용, 응용 프로그램 등 컴퓨팅의 핵심 원리를 연구하는 학문입니다. 대체로 코딩은 컴퓨터 과학을 연구하거나 표현하는 방식이 되며, 컴퓨터 과학의 구성요소 중 하나일 뿐입니다.

## 일반 교과를 가르치는 교사를 위한 책

여러분이 언어, 사회, 수학, 또는 과학 교과를 가르치고 있다면, 이 책은 여러분을 위한 책입니다. 이 책은 교과 영역별로 해당 교과 교육을 지원하고 강화할 수 있는 컴퓨터 과학의 핵심 개념과 실천(예 : 컴퓨팅 사고)에 대한 자료를 소개합니다. 여기서는 여러분이 담당하는 교과 영역에 컴퓨터 과학 원리를 어떻게 적용할 수 있는지, 실제적인 맥락을 함께 제시합니다. 뿐만 아니라, 학생들이 타 교과에 컴퓨터 과학 원리를 직접 통합할 수 있도록 각 교과의 표준standards[8] 내용에 부합하는 수업과 프로젝트 활동에 대한 아이디어들을 소개합니다.

『창의적 코딩교육』은 예술, 음악, 외국어, 물리 교과는 물론이고 교과를 가르치는 모든 교사를 위한 책입니다.

이 책에서는 "네 가지 주요과목(언어, 사회, 과학, 수학)"을 중심으로 내용을 구성했지만, 여기서 제시하는 모든 아이디어는 다양한 교과목 맥락에 맞게 수정하여 사용할 수 있습니다. 이 책에 수록된 교과별 프로젝트 활동을 모두 마치고 나면, 다른 맥락이나 교과에 적용하기 위한 아이디어를 발견할 수 있습니다.

---

8) 표준(standards)은 학습자가 성취해야 하는 '성취기준' 또는 '수행기대'를 의미합니다. 즉, 학생이 무엇을 알아야 하고 할 수 있어야 하는가를 평가할 수 있는 진술문입니다.

## 기술 교과 또는 컴퓨터 과학을 가르치는 교사를 위한 책

이미 컴퓨터 과학 혹은 코딩을 가르치고 있다면, 학생들을 위해 다양한 교과를 아우르는 범교과적 교육과정을 개발하는 데 도움이 될 것입니다. 이 책에 수록된 대부분의 프로젝트 활동들은 별도의 수정 없이 바로 사용할 수 있지만, 되도록이면 교과별 맥락에 대한 지원 내용을 참고하여 타 교과를 가르치는 동료 교사와 함께 협업할 것을 권장합니다.

이 책에서는 타 교과에서 컴퓨터 과학을 가르쳐야 하는 필요성을 소개하고, 동료 교사와 협업을 시작하는 데 도움을 주는 교과별 표준내용도 함께 제시합니다. 여러분은 다른 교과를 가르치는 동료 교사를 지원함으로써, 직접 가르치지 않는 학생들에게도 컴퓨터 과학을 배우는 기회를 줄 수 있습니다. 따라서 여러분이 개발한 컴퓨터 과학 교육과정의 가치를 학교 구성원들에게 적극 알리는 기회가 될 수 있습니다. 여러분이 이 책을 통해 컴퓨터 과학 교육과정을 직접 개발하고 더욱 강화할 수 있기를 바랍니다.

## "코딩하는 방법How-to-Code"을 알려주는 책이 아니다

이미 우리 주변에는 프로그래밍 언어에 대한 기초를 배울 수 있는 곳이 많이 있습니다. 다양한 교육자료를 제공하고 많은 사용자들을 지원하고 있습니다. 이 책은 코딩하는 방법을 알려주는 여느 책들과는 달리, 학생들이 주요 교과목에 컴퓨터 과학 역량을 적용하는 진정한 기회를 찾는 데 중점을 둡니다.

여러분이 노력해서 실제 개발자처럼 관련 역량skills을 개발한다면 분명 여러분의 자산이 될 테지만, 이 책이 제시하는 아이디어와 수업에 적용하기 위해서 반드시 코딩하는 방법을 배울 필요는 없습니다. 처음 코딩을 접하는 사람들도 이 책에 소개된 프로젝트에 쉽게 접근할 수 있다는 것을 곧 알게 될 겁니다.

〈Chapter 1〉에서 소개하는 리더형 학습자lead-learner의 마인드셋mindset과 함께 임한다면, 너무 걱정하지 않아도 됩니다!

# 📖 이 책의 사용법

이 책은 세 개의 주요 섹션으로 구성되었습니다.

〈Part I〉에서는 이 책의 전반에서 다룰 교육학 이론과 교수 전략, 학습 도구들을 소개합니다. 정규 수업에서 컴퓨터 과학이 어떠한 역할을 하는지, 컴퓨터 과학 교사가 되기 위해서 어떠한 새로운 교수 전략을 도입해야 하는지 논의합니다. 여기서 소개하는 철학들은 여러분의 교실과 교수법을 변화시키는 데 도움이 될 것이며, 이후에 소개할 활동들이 왜 필요하고 어떻게 설계되어야 하는지에 대한 맥락을 제공합니다.

〈Part II〉는 언어Language arts, 사회, 과학, 수학 등 네 가지 하위 섹션으로 구성되었습니다. 각 교과별 고려해야 할 사항들을 반영하고 교과 영역과 컴퓨터 과학을 실세계에 응용할 수 있는 교차점에 특별히 주목하며 해당 교과 영역에서 컴퓨터 과학을 가르치는 사례를 소개합니다. 아울러 컴퓨터가 없이도 네 가지 교과 영역에서 컴퓨터 과학이 수행할 수 있는 역할을 가르칠 수 있도록 컴퓨터 과학 언플러그드 활동들도 함께 살펴봅니다.

각 섹션의 마지막 부분에는 컴퓨터 과학이 해당 교과 영역에서 다루는 실생활 문제에 적용되는 부분을 강조하기 위해 다양한 코딩 프로젝트를 소개합니다. 이 프로젝트들은 CSTA 표준(CSTA K-12 Computer Science Standards)[9], ISTE 표준(ISTE Standards)[10], 미국 공통핵심기준(Common Core State Standards, CCSS), 차세대 과학표준(Next Generation Science Standards, NGSS)[11]에 부합되도록 설계되었습니다.

〈Part III〉에서는 컴퓨터 과학을 교실에 도입하기 위한 실용적인 방법에 주목합니다.

〈Part II〉에서 소개한 프로젝트들을 통해 학생들을 평가하고 지원할 수 있는 다양한 접근 방법들을 탐색할 수 있습니다. 각 교과 영역의 표준과 컴퓨터 과학 사이의 균형을 유지하면서 평가하고자 하는 요소들을 실제로 평가할 수 있도록 몇 가지 접근법들을 소개합니다. 하지만 놀랍게도 이러한 방법들이 언제나 학생들에게 효과적이지는 않다는 것도 설명합니다. 또한 처음 코딩을 접하는 사람들이라면 반드시 해결해야 할 버그<sup>bug</sup>와 여러 가지 문제를 해결하는 방법들을 소개합니다.

각 챕터에 수록되어 있는 『창의적 코딩으로 확장하기』에서는 컴퓨터 과학과 코딩을 소개하는 데 필요한 아이디어와 도구들을 참고할 수 있습니다.

---

9) 지난 2016년, CSTA를 비롯한 미국 컴퓨터 과학교육연합회가 '컴퓨터 과학 프레임워크(K-12 Computer Science Framework)'를 발표했습니다. 이 문서에는 컴퓨터 과학의 '핵심개념(Know : 학생들이 알고 이해해야 하는 것)'과 '활동(Do : 학생들이 수행할 수 있어야 하는 것)'을 규정하는 새롭고 높은 수준의 비전이 담겨 있습니다.
이를 기반으로 CSTA가 실제 교육활동에 활용할 수 있는 '2017 CSTA 컴퓨터 과학 표준(CSTA K-12 Computer Science Standards, 2017)'을 새로이 발표했습니다. 이로써 미국의 각 주(State)의 교육부서 및 교육청은 컴퓨터 과학 표준을 참고하여 K-12를 위한 컴퓨터 과학 교육과정을 새로이 재구성할 수 있게 되었습니다.

※ 2016 컴퓨터 과학 프레임워크 : https://k12cs.org
※ 2017 CSTA 컴퓨터 과학 표준 : https://www.csteachers.org/page/standards

10) ISTE는 지난 1998년부터 ISTE 표준(ISTE Standards)을 개발해 왔습니다. 초창기에는 과학기술을 이해하고 사용하는 방법에 관한 내용을 다루었으나, 약 10년 뒤인 2007년부터는 과학기술을 사용하여 '학습'하는 것으로 발전시켰습니다. 가장 최근에 발표된 2016 ISTE 표준은 교육과 기술을 통합하여 교육의 질을 제고하고 혁신적인 학습환경을 조성하기 위해 개발한 프레임워크입니다. 학생과 교사, 교육 관리자, 코치, 컴퓨터 과학 교육자를 위한 표준이 각각 개발되어 있으며, 미국 내 대부분의 주에서 ISTE 표준을 채택하고 있습니다. 특히 2019년 4월 기준으로 위스콘신 주, 미시간 주, 미시시피 주, 텍사스 주 등 12개의 주에서 가장 최근 자료인 2016 ISTE 표준을 채택했습니다.

※ ISTE 표준 : https://www.iste.org/standards

11) 2013년에 발표된 것으로, 모든 학생이 과학·공학적 주요 내용(Idea)을 배우고 실천(Practices)함으로써 과학적 지식을 적용, 확장하여 더 깊이 이해할 수 있도록 이끌어 주는 것이 목표입니다.
※ 차세대 과학교육 표준 : https://bit.ly/NGSS-Standards

이 책의 뒷 부분에는 여러분이 컴퓨터 과학을 가르치는 교사로서 더욱 성장하기 위해 참고할만한 자료들을 〈부록〉으로 수록했습니다. 컴퓨터 과학과 코딩에 대해 자세히 배울 수 있는 곳을 비롯하여 수업에 필요한 도구를 준비하는 방법들을 소개합니다. 아울러 이 책에 수록된 코딩 프로젝트를 다른 적절한 도구나 프로그래밍 언어로 진행할 수 있도록 프로젝트를 변형하는 방법을 구체적인 예시와 함께 설명합니다.

마지막으로, 『창의적 코딩 교육』 웹사이트 http://creativecodingbook.com 에 방문하세요. 인쇄해서 사용하는 학습자료, 예제 프로젝트, 그리고 컴퓨터 과학과 코딩을 교실로 도입하는 여정에 도움을 줄 수 있는 추가 자료들이 게시되어 있습니다.

자, 그럼 이제 『창의적 코딩교육』에 뛰어들어 볼까요!

*이 책의 주석은 옮긴이의 글입니다.

# PART

# 1

# 도구와
# 전략

〈Part 1〉에서는 컴퓨터 과학이 정규 교육과정에 어떻게 반영되는지,
컴퓨터 과학이 일상적인 수업을 어떻게 지원하고 기존 수업에
통합될 수 있는지 살펴봅니다.

여러분의 교실과 교수법을 변화시키는 데 도움이 되는 철학을 소개하고,
〈Part II〉에서 제시하는 활동들과 어떠한 맥락으로 이어지는지 논의합니다.

· 코딩과 컴퓨터 과학을 주요 교과 영역에 통합하는 방법
· 컴퓨팅 사고의 의미
· 코딩과 컴퓨팅 사고를 범교과적으로 가르치는 방법

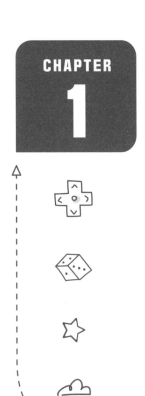

CHAPTER

1

# 주요 교과에서
# 컴퓨터 과학 가르치기

예전에 재직했던 학교에서 컴퓨터 과학 교육 프로그램을 개발하면서 "왜?" 라는 질문을 끊임없이 하곤 했습니다.

이미 잘 짜인 교육과정에서 별도의 시간을 왜 확보해야 하는가?

중학생들은 AP 컴퓨터 과학 과정[12]을 왜 수강할 수 없는가?

왜 학생들이 교사보다 먼저 컴퓨터 과학에 관심을 가졌을까?

---

12) 미국 고등학생에게 대학 수준의 컴퓨터 과학 교육을 제공하고 대학입학 후 학점을 인정함으로써 고등학교와 대학 간의 연계성을 제고하는 교육과정입니다. 이와 유사한 제도로 우리나라는 고교-대학 연계 심화과정인 UP(University-Level Program), 유럽은 IB(International Baccalaureate)가 있습니다.

여러분의 학교가 쉽게 변할 것이라고는 생각하지 않습니다. 컴퓨터 과학을 기존 수업에 통합하면 새로운 교과나 수업을 만들기 위해 겪어야 했던 행정 시스템의 절차적 어려움을 겪지 않아도 된다는 것입니다. 하지만 컴퓨터 과학을 중학교 교육과정에 도입하는 데에는 많은 논란이 있습니다. 하비 머드 대학Harvey Mudd College의 컴퓨터 과학과 조교수인 콜린 루이스colleen Lewis 는 "컴퓨터 과학이 논리적 사고 기술을 가르친다" 와 같은 기존에 잘 알려진 컴퓨터 과학을 가르쳐야 하는 이유에 대해 반박하면서, 다음 세 가지 내용을 기반으로 컴퓨터 과학 교육을 지지할 것을 제안했습니다.

### 1. 컴퓨팅은 어디에나 있습니다.

양질의 K-12 컴퓨터 과학 수업은 모든 학생이 자신이 속한 주변 세계를 이해하는 데 필요한 기회를 제공합니다. 학생들이 수학, 과학, 언어, 사회 및 기타 교과를 배울 때 자신이 속한 세계를 온전히 이해하려면 컴퓨팅이 적용된 세상을 바라보는 시각을 되도록이면 일찍이, 그리고 반드시 길러야 합니다.

### 2. 대학에서 컴퓨터 과학을 추구하지 못하는 이유는 문화적, 구조적 장벽 때문입니다.

양질의 K-12 컴퓨터 과학 수업은 학생들에게 보호 요인protective factor[13]이 될 수 있습니다. 학생들의 자의식이 형성되기 전에 컴퓨터 과학을 가르치면, 컴퓨터 과학이 자의식 형성에 긍정적인 영향을 줄 수 있습니다.

### 3. 컴퓨터 과학 직종은 높은 소득과 지위를 가질 수 있습니다.

양질의 K-12 컴퓨터 과학 수업은 고소득과 높은 지위를 차지하는 컴퓨터 과학 및 관련 직종에 대한 접근성을 높일 수 있습니다. 특히 기존 산업현장에서 여성과 유색인종의 평등한 참여를 막고 있었던 진입장벽을 허물기 위해서는 이러한 접근이 반드시 필요합니다.

---

13) 아동 청소년이 개인, 가족, 지역 사회 또는 더 큰 사회에서 문제행동을 일으킬 가능성을 줄여주거나 차단시켜주는 요인

교육 행정가나 정책 입안자들은 이러한 주장이 매우 강력하며 반박의 여지가 없다고 생각합니다. 그러나 현장 교사들은 실질적인 행정지원이 턱없이 부족하다고 느낄 수 있습니다. 이러한 관점에서 컴퓨터 과학을 기존 중학교 교육과정에 통합시키기 위한 다섯 가지 주요 논점들을 소개합니다.

## 1. 누구나 갖춰야 할 기본 역량

오바마 전 대통령은 코딩이 더 이상 선택적인 역량이 아니라고 선언했습니다. 코딩은 모든 학생들이 갖춰야 할 기본 역량입니다. 교사는 모든 학생이 의사가 되기를 기대하기 때문에 소화계와 신경계를 가르치는 것이 아닙니다. 학생들이 자신이 속한 세계를 근본적으로 이해할 수 있는 역량 있는 시민으로 자라도록 이끌어주기 위해서 가르치는 것입니다. 모든 학생에게 생물학의 기초 지식을 가르치는 것처럼, 인터넷이나 스마트폰의 작동 방식 역시 모든 학생이 반드시 배워야 합니다. 과연 학생들이 컴퓨터 과학에 대한 기본 지식이 없이도 인터넷 규제나 개인정보 보호, 인공지능의 역할 등에 대해 깊이 있게 논의할 수 있을까요?

## 2. 자신을 표현하는 도구

일각에서는 기술이 우리 사회에 반드시 필요하기 때문에 컴퓨터 과학을 가르쳐야 한다고 주장합니다. 하지만 이러한 주장 말고도 컴퓨터 과학을 가르쳐야 하는 매우 합당한 주장이 있습니다. 매우 흥미로운 주장이지요! 컴퓨터 과학은 이전에 없었던 개인적인 표현을 할 수 있는 아주 강력한 매체입니다. 학생들이 예술이나 음악, 퍼포먼스, 글쓰기 등 다양한 방법으로 일상의 즐거움을 찾거나 자신을 표현할 때 코딩이 훌륭한 도구가 되며, 더욱 풍부하게 표현할 수 있도록 돕습니다.

## 3. 표준의 필수 요소

차세대 과학 표준NGSS은 유·초·중등 과학교육에서 컴퓨팅 사고와 컴퓨터 모델링이 반드시 필요한 요소라고 명시하고 있지만, 이러한 표준을 지원할 수 있는 컴퓨터 과학 또는 코딩이 통합된 과학 교육과정은 매우 부족합니다. 우리가 진정으로 과학 교육의 가치를 논하기 위해서는 컴퓨터 과학 역시 과학 교육의 필수 요소로 바라보아야 합니다.

수학 공통핵심기준CCSS for Math은 컴퓨팅 사고 및 컴퓨터 과학에 대해 명시적으로 언급하지는 않지만, K-12 컴퓨터 과학 프레임워크의 내용과 상당히 유사한 여덟 가지 수학적 실천 Standards for Mathematical Practice을 규정하고 있습니다.[14] 수학과 컴퓨터 과학이 공통적으로 요구하는 실천 내용을 잘 참고하면 학생들이 수학 프로그램을 직접 만들어 보는 과정에서 수학을 더 잘 이해하고 관심 분야에 적용할 수 있도록 이끌어 줄 수 있습니다.

한편, 범교과적인 차원에서 기술을 이용하여 수업을 하도록 설계된 ISTE 학생 표준은 다른 교과와도 긴밀히 연관되는 컴퓨팅 사고를 명시적으로 요구하고 있습니다.

## 4. 디지털 시민의 핵심 역량

저는 아직까지 디지털 시민 역량의 필요성을 강하게 주장하는 행정가를 만나지 못했습니다다만, 많은 사람이 디지털 시민 역량의 가치와 필요성에 주목하고 있습니다. 학생들이 디지털 사회의 시민으로서 자신의 책임을 다하려면 인터넷 시스템이 무엇이고, 인터넷에서 수집하는 데이터에 대한 기본적인 내용을 반드시 잘 알고 있어야 합니다.

우리는 학생들이 사회에 적극적으로 참여하도록 시민 윤리를 가르칩니다. 시민 교육은 우리 사회의 기본적인 구조는 물론이고, 이를 유지하는 정부 시스템을 이해하도록 합니다.

---

14) 수학 공통핵심기준은 학생들이 배워야 할 내용인 '수학적 내용 기준(Standards for Mathematical Contents)'과 수학에 뛰어난 학생이 갖는 습관을 서술한 '수학적 실천 기준(Standards for Mathematical Practice)'으로 구성되어 있습니다.

여덟 가지 수학적 실천 내용은 다음과 같습니다.
1) 문제를 이해하고 끈기 있게 문제해결하기
2) 추상적으로 그리고 계량적으로 추론하기
3) 자신의 주장을 논리적으로 표현하고 다른 사람들의 추론을 비판하기
4) 수학적 모델 만들기
5) 적절한 도구를 전략적으로 사용하기
6) 정확성에 주의 기울이기
7) 구조를 찾고 사용하기
8) 반복되는 추론에서 규칙성을 찾고 표현하기

만약 학생들이 인터넷의 기본 구조와 관리 시스템에 대한 기본적인 내용을 모른다면, 성숙한 디지털 사회의 시민으로 성장할 수 있을까요? 우리가 속한 디지털 사회에 대한 접근을 통제하는 주체가 누구인지 알고 있는 학생들은 과연 몇이나 될까요? 누가 디지털 사회에 필요한 규칙을 만들까요? 디지털 사회의 시민으로서 디지털 사회에 적극적으로 참여하려면 어떻게 해야 할까요?

## 5. 시민권에 대한 문제

미래 사회에 적극적으로 참여하고 활동하기 위해서는 반드시 컴퓨터 과학에 대한 기본적인 이해가 필요하다는 점을 앞서 언급하였습니다. 그 미래가 지금 우리 앞에 펼쳐져 있습니다. 망 중립성, 암호화폐, 신용카드 보안 유출, 자율주행차의 안전성, 자동화된 스마트 홈 시스템 보안 등 우리 사회는 점차 이해하기 어려운 문제에 직면하고 있으며, 수집된 정보를 기반으로도 의사결정을 내리기가 점점 더 어려워지고 있습니다.

미래에는 컴퓨터 과학을 배우지 않은 사람들의 삶이 컴퓨터 과학을 배운 사람들에 의해 좌우될 것입니다. 컴퓨터 과학 교육을 받지 않은 학생들은 수많은 직업에서 배제될 것이며(시민권에 대한 문제), 사회의 기술적 구성 요소를 이해하는 능력은 장차 "가진 자"와 "가지지 못한 자"를 구분하는 기준이 될 것입니다.

학생들에게 컴퓨터 과학을 가르치는 것은 단지 좋은 생각에만 그치는 것이 아닙니다. 컴퓨터 과학을 가르치는 것은 공교육이 책임지고 수행해야 할 기본 역할이며, 더 이상 늦춰서도 안됩니다.


디지털 사회와의 경계가 점차 허물어질수록 학교에서 컴퓨터 과학 교육을 가르치지 않으면 학생들이 디지털 사회는 물론이고, 실제 우리 사회에 적극적으로 참여하고 역량 있는 시민으로 성장하는 기회를 차단하는 문제를 초래하게 됩니다.

# 🖱 컴퓨터 과학에 대한 기본지식이 없이도 학생들을 가르칠 수 있을까?

여러분이 학교에서 특정 교과를 가르치고 있다면, 이미 "교사 자격을 갖춘"것입니다.대학에서 영어를 전공해서 학생들에게 영어 교과를 가르치고 있거나, 생물학 전공으로 학사 학위를 받고 나서 교육대학원에 진학하여 과학교육을 전공했을 수도 있습니다. 그러므로 여러분은 가르치는 일에 능숙할 뿐 아니라 담당 교과의 전문가가 되어 있을 겁니다.

그렇다면 컴퓨터 과학을 가르칠 수 있는 교사의 조건은 무엇일까요? 여러분이 컴퓨터 과학에 익숙하지 않더라도 초보자로서 학생들에게 평생학습과 꾸준히 성장하는 모습을 모델링해 줄 수 있습니다. 학생들과 함께 배우기란 늘 쉬운 일이 아닙니다. 하지만 지금 이 순간이 모든 학생에게 컴퓨터 과학을 가르칠 수 있는 절호의 기회입니다!

놀랍게도 컴퓨터 과학과 관련된 분야에서 일하는 사람들의 대부분이 컴퓨터 과학 전문가가 아닙니다. 개발자들은 빠르게 변화하는 분야를 따라잡기 위해 항상 배우고 도전합니다. 마찬가지로 컴퓨터 과학을 처음 접하는 교사라면 변화에 뒤처지지 않기 위해 부단히 노력할 겁니다. 컴퓨터 과학에 대해 더 많이 아는 교사라면 출발점이 다를 수 있지만, 중요한 것은 컴퓨터 과학을 가르치는 교사는 끊임없이 배우고 꾸준히 역량을 개발한다는 것입니다. 이 여정을 함께하는 여러분을 진심으로 환영합니다!

아직 확신이 서지 않는다면 저를 따라오세요. 다음 장에서는 몇 가지 구체적인 전략들을 소개합니다. 이 책의 부록에 실려 있는 관련 역량을 더 알고 싶을 때 참고하세요. 수업 시간에 교사가 학생들에게 모든 지식을 가르쳐주지 않아도 된다는 점을 반드시 기억하기 바랍니다.

# 🖱 모두를 위한 컴퓨터 과학의 모든 것

기술 분야에서 여성과 유색 인종이 상대적으로 배제되고 있다는 사실은 더이상 놀라운 일이 아닙니다. 2016년 구글의 의뢰로 갤럽이 실시한 연구결과에 따르면, 유색 인종 학생들은 백인 학생들에 비해 학교에서 컴퓨터 과학 과목을 전공할 수 있는 기회가 적고 가정에서의 컴퓨터 접근성 역시 상대적으로 낮았습니다.[15] 여학생들은 남학생에 비해 학교에서 컴퓨터 과학을 배우는 기회가 적었으며, 심지어 컴퓨터 과학을 배울 수 있는 기회가 있다는 사실 조차 잘 알지 못하였습니다.

소외 계층 또는 소수 집단의 진입을 막거나 이미 진입한 사람들이 다른 사람들의 진입을 막는 구조적인 문제는 되도록 빨리 해결해야 합니다. 우리가 하루 빨리 이러한 진입장벽과 고정관념을 깨뜨리지 않는 한 모든 사람이 평등하게 기술 세계에 접근하기란 어려울 것입니다.

중학생 시절은 자기 이미지를 형성하는 데 매우 중요한 시기입니다. 중학생들은 사회 집단 개발에 관심이 큰 학교 환경으로 전환되기 때문입니다. 중학교 교육과정은 학생들의 기술적 능력이 자기 모습의 일부분이 되는 아주 중요한 시기입니다. 컴퓨터 과학을 필수 주요 과목으로 지정하는 것은 모든 학생이 컴퓨터 과학을 배울 수 있도록 하는 가장 확실하고 빠른 방법이지만, 이와 함께 신중히 고려해야 할 사항들도 많습니다. 기술 분야의 문제들을 해결하려면 모든 학생에게 동일한 기회를 주는 것 그 이상을 해야 합니다. 우리는 모든 학생에게 공정한 기회를 주어야 합니다.

---

15) 2017년 구글과 갤럽은 지난 2015년부터 2016년까지 7학년~12학년 사이의 소수 집단 학생들에게 설문을 실시하여 '학생들에게 컴퓨터 과학 학습 장려하기(Encouraging Students Toward Computer Science Learning)' 보고서를 발간했습니다. 컴퓨터 과학 교육에 있어서 소수 집단의 학생들(여학생, 아프리칸 아메리칸 학생, 히스패닉 학생)에게 컴퓨터 과학 학습에 대한 흥미 및 자신감 정도, 부모나 교사로부터 받은 컴퓨터 과학 학습에 대한 격려 정도를 조사하여 그 결과를 분석하였습니다.

※ Encouraging Students Toward Computer Science Learning 보고서 :
https://bit.ly/2PGmIxm

# 🖱 평등함 vs 공정함

[그림 1.1]은 평등함Equality 와 공정함Equity의 차이점을 보여줍니다.

**[그림 1.1] 평등함과 공정함**

※ 출처 : Interaction Institute for Social Change | Artist: Angus Maguire

학생들에게 공정함을 제공한다는 것은 학생들이 성공하는 데 필요한 것을 지원받는 것을 의미합니다. 극복해야 할 고정관념이 있거나 다른 학생들은 가지고 있는 도구에 대한 접근성이 낮은 경우, 다른 학생들보다 더 많은 도움이 필요하거나 다른 학생들과는 다른 방식으로 지원해야 할 학습과제를 가진 학생들은 출발점에서 더 많은 것들을 필요로 합니다. 이것을 인정하는 것은 상대적으로 지원이 덜 필요한 학생에게는 그만큼 지원을 적게 하는 것 역시 인정하는 것입니다.

우리는 학생들을 지원하는 데 필요한 시간과 노력을 현실성 있게 고민해야 합니다. 도움이 절실한 학생의 우선 순위를 고려하는 것은 가장 어려운 일들 중 하나가 될 수 있습니다. 성적이 좋은 학생들에게 시간과 노력을 투자할 수도 있지만, 그런 학생에게는 교사가 그리 큰 영향을 주지는 못합니다. 소수 집단에 속한 학생들에게는 '누가 개발자가 될 수 있는지'에 대한 고정관념을 깨뜨리는 것이 가장 시급합니다.

컴퓨터 과학을 수업에 도입하기 위해서는 누가 수업을 듣는지, 수업을 어떻게 해야 할지에 대해 신중히 고민해야 합니다.

다음은 자칫 소외 계층 학생[16]의 놓칠 수 있는 지점들을 파악하고, 이 학생들이 수업에서 환영받고 있으며 스스로 유능하다고 느낄 수 있도록 돕는 체크리스트입니다.

### ▶ 교실에서 고정관념을 강화시키고 있는가?

예전에 자신의 관심사를 표현하는 수업을 진행한 적이 있었습니다. 학생들에게 저를 엉뚱한 괴짜geek[17]'라고 소개했습니다. 괴짜는 저의 정체성을 나타낼 수 있는 액세서리 같은 표현이었습니다. 이 때문에 인기 있는 스타워즈 캐릭터나 기업이 만든 유명 캐릭터를 기꺼이 포기할 수 있었습니다.

다른 학생들과 관심사가 다르다고 해서 소외감을 느끼는 학생들도 환영받고 있다고 느낄 수 있도록 교실 환경을 만들기 위해서 저를 괴짜라고 소개했지요. 제 자신을 괴짜라고 표현함으로써 다른 학생들과 관심사가 다르다고 해서 소외감을 느끼는 학생들도 환영받고 있다고 느낄 수 있도록 교실 분위기를 조성했습니다. 이처럼 학생들의 개성을 표현할 수 있는 교실환경은 자칫 스스로 소외감을 느끼는 학생들도 친근감을 가지고 수업에 임할 수 있도록

---

16) 성별, 인종, 민족, 성적 취향, 연령, 출신 국가 등에 의해 학교 및 사회에서 억압되거나 기회를 제한받는 학생들

17) 대체로 지적, 기술적으로 어느 한 가지에 좁고 깊게 빠져있는 사람을 일컫는 비속어로, IT나 컴퓨터 분야의 전문적인 지식을 가진 사람들을 가리킵니다.

만듭니다.

그렇다면, 학생들의 개성을 존중하고 자유롭게 표현하는 교실에서는 학생들이 컴퓨터 과학을 하는 사람에 대한 이미지를 어떻게 형성할까요? 여러분이 만드는 교실환경은 학생들이 소속감을 키우는 방법에 많은 영향을 주며, 학생들이 "교실환경을 어떻게 인식하느냐"에 따라 컴퓨터 과학에 대한 관심과 참여 정도가 달라질 수 있습니다. 이를 위해서는 무심코 학생들에게 표현하는 것들도 신중히 생각해 보아야 합니다. 학생들에게 수업에 대한 흥미를 조사하고 그 결과를 수업에 반영한다면 모든 학생들이 환영받는 교실환경을 만들 수 있습니다.

### ▶ 코딩 프로젝트를 선택적으로 하는가?

학생들은 자신의 능력을 믿기 전까지는 절대로 코딩을 선택하지 않을 겁니다. 적어도 처음에는 모든 학생이 코딩 프로젝트를 반드시 수행하도록 하세요. 학생들이 학습과정에서 코딩을 선택하지 않는다 해도 크게 문제될 것은 없습니다. 정말 중요한 것은 학생들이 필요에 따라 코딩을 선택하고 경험하는 데 불편함이 없도록 해야 한다는 것입니다. 이것은 마치 입맛이 까다로운 어린아이에게 새로운 음식을 소개하는 것과 비슷합니다.

학생들이 새로운 세상에 대해 좋아하고 잘 할 수 있다는 자신감을 얻기까지는 다양한 경험이 필요할 겁니다. 학생 모두가 역량을 개발하고 자신감을 높일 수 있도록 다양한 기회를 만들어 주세요.

### ▶ 유능한 학생이 동료 학생들을 도와주는가?

코딩 경험이 많은 학생들은 교사를 대신해서 다른 학생들을 도울 수 있습니다. 코딩에 대한 배경지식이 없는 학생들을 도울 때에는 관련 내용을 어떻게 전달할지 신중히 고민해야 합니다. 코딩을 잘하는 학생이 다른 학생들을 돕도록 할 때에는 상대방의 기분이 상하거나 위화감을 느끼지 않도록 해야 합니다.

### ▶ 항상 같은 기술만 주목받고 있진 않는가?

학생들은 수업에서 가치 있게 다루는 역량이 무엇인지에 따라 동료 학생들보다 자신의 능력이 부족하다고 느낄 수 있다는 점을 고려해야 합니다. 컴퓨터 과학은 다양한 분야를 아우르는 학문입니다. 컴퓨터 과학이 개발하고 수행해야 할 역할들은 매우 많습니다. 학생들이 다른 누군가를 위해 공헌하는 활동을 하고 다 같이 기념하세요. 그리고 그 과정에서 모든 학생들이 주도적으로 참여할 수 있도록 기회를 주세요.

## 컴퓨터 과학 프로젝트와 활동 통합하기

이 책의 목적은 교사들이 컴퓨터 과학과 컴퓨팅 사고, 코딩을 다른 교과 영역에 통합할 수 있도록 지원하는 것입니다. 우선 일반적으로 새로운 기술을 통합하기 위한 접근법을 생각해 보는 것이 좋습니다. 새로운 기술을 교실 수업에 도입할 때는 도구를 사용하여 학습목표를 성취하는 것이 아닌 "도구 자체를 가르치기"로 변질될 위험이 있습니다.

예를 들어, 학생들이 코드닷오알지의 앱 랩App Lab[18]으로 특정 어플리케이션을 똑같이 따라 만드는 과정을 한 달 동안 실습하도록 할 수도 있습니다. 학생들은 기존 어플리케이션과 똑같이 만들어낼 것이며, 그 과정에서 흥미로운 작업을 할지도 모릅니다. 그러나 다음 내용은 절대로 배우지 못할 겁니다.

(a) 자신만의 무언가를 만드는 방법

(b) 특정 영역의 콘텐츠를 만드는 방법

---

18) 앱 랩(https://code.org/educate/applab)은 코드닷오알지가 무료로 제공하는 앱 개발 환경으로, 명령어 블록이나 텍스트 언어로 자바 스크립트 코드를 작성하여 앱을 디자인하고 개발할 수 있습니다.

따라서 코딩을 특정 영역 프로젝트에 통합하는 방법을 연구하기에 앞서, 학생들이 원하는 것이 무엇인지를 먼저 고민해 보아야 합니다.

루벤 푸엔테두라Ruben Puentedura 박사가 대중화시킨 기술 통합에 대한 SAMR 모델은 컴퓨터 과학을 다른 교과 영역에 통합하는 방법을 고민할 수 있는 훌륭한 출발점이 되어줍니다. SAMR 모델은 기술을 교실 수업에 통합하기 위한 방법으로 대체Substitution, 강화Augmentation, 개선Modification, 재정의Redefinition 등 네 가지 단계로 제시하고 있습니다 (그림 1.2 ) 참고.

[그림 1.2] SAMR 모델

기술 통합은 SAMR 모델이 제시하는 각 단계들을 거치면서 더욱 풍부해지고 강력해집니다. 아날로그 매체를 대체하기 위해 사용되는 신기술은 몇몇 학생들에게 흥미롭게 느껴질지 모르나, 기술을 활용하여 지식을 얻는 새로운 학습경험은 제공해 주지 못합니다.

저는 새로운 기술을 교실에 통합하기 위해 교사들이 왜 노력해야 하는지, 무엇을 어떻게 투자해야 하는지, 기술 통합이 과연 학생 평가에 도움이 되는 도구로 활용될 수 있는지 등을 비판적으로 생각하는 것을 좋아합니다. 컴퓨터 과학의 통합을 위해 SAMR 모델을 적용할 때에는 설계상 통합된 기술이 추가적인 학습 객체Learning Objects[19]를 제공하지 않는다고 가정하기 때문에 어려움이 따릅니다. 도구를 통합할 때 "도구 자체를 가르치기"를 피하고 싶을 때에는 문제가 되지 않지만, 컴퓨터 과학을 수업에 도입할 때는 그렇지 않습니다. 저는 여전히 컴퓨터 과학을 통합할 때 다른 교과를 가르치는 도구로 사용할 수 있는 방법에 관심을 갖고 있지만, 다양한 컴퓨터 과학 분야와 그것과 관련된 기술도 학생들에게 가르치고 싶습니다.

이러한 이유로, 주요 교과 내용과 컴퓨터 과학 내용 사이의 균형을 고려하여 SAMR 모델을 수정한 새로운 프레임워크 SEAA(대체 : Substitution, 향상 : Enrichment, 진정한 적용 : Authentic Application)를 제안합니다 (표1.1) 참고.

**[표 1.1] 컴퓨터 과학 통합을 위한 SEAA 모델**

| 단계 | 설명 |
|---|---|
| 대체<br>(Substitution) | 컴퓨터 과학은 다른 매체의 대체제가 될 수 있습니다. 활동 과정에서 컴퓨터 과학 개념이 반드시 필요한 것은 아니며, 결과물은 컴퓨터 과학 없이 만든 것과 사실상 거의 유사합니다. |
| 강화<br>(Enrichment) | 컴퓨터 과학은 컴퓨터 과학 없이는 불가능했던 활동을 가능하게 하며 더욱 향상시킵니다. 여기서 가르치는 컴퓨터 과학 개념은 목표를 위한 수단이 됩니다. 즉, 내용 영역 학습을 더욱 풍부하게 하는 창작활동에 도움이 됩니다. |
| 진정한 응용<br>(Authentic Application) | 컴퓨터 과학은 주어진 내용 영역 안에서 실세계를 반영하므로 진정한 응용이 가능합니다. 이 단계에서는 컴퓨터 과학 내용과 교과의 내용 영역이 실세계에서 사용되도록 결합되었기 때문에 두 가지 모두 똑같이 중요합니다. |

이제 SEAA 모델을 적용하는 방법을 단계별로 살펴보겠습니다.

컴퓨터 과학을 통합하기 전, 사회 교과 시간에 지역지구제 변경 제안local proposed zoning

---

19) 명확한 교수·학습 목표를 가진 가장 최소의 콘텐츠로, 독립적이고 재사용이 가능합니다. 여러 개의 학습 객체를 레고 블록처럼 조립하여 교육용 콘텐츠를 제작합니다.

change에 대한 내용을 포스터 프로젝트로 진행합니다. 학생들은 서로 다른 세 가지 제안을 조사한 다음, 각 제안의 장단점을 강조하여 보여주는 포스터를 만듭니다.

SEAA 모델에서 대체substitution 단계는 컴퓨터 과학을 통합하기 전과 본질적으로 동일합니다. 이 단계에서는 프로젝트 수행 과정에서 컴퓨팅 파워를 효과적으로 사용하지 못하며, 더 많은 학생들이 컴퓨터 과학에 참여시키도록 하는 데에도 별다른 도움을 주지 못합니다. 이 단계에서는 학생들이 만든 포스터를 스크래치Scratch 프로젝트로 대체할 수 있습니다. 학생들은 스크래치[20] 프로젝트에 애니메이션, 사운드 효과, 인터랙션 등을 추가할 수는 있지만, 기존 매체와 효과적으로 상호작용할 수 있는 방법이 없습니다.

강화enrichment 단계는 확대와 약간의 수정을 포함합니다. 컴퓨터 과학과 통합한 활동은 학생들이 컴퓨터 과학 없이는 구현하기 어려운 결과물을 만들 수 있도록 합니다. 예를 들어, 이 단계에서는 학생들이 스크래치 프로젝트에서 사용자에게 선호하는 지역제 변경안을 묻고, 사용자가 입력한 응답을 분석하여 사람들이 선호하는 변경안을 확인합니다. 학생들은 자신이 제시한 정보에 사용자들이 어떻게 반응했는지를 확인할 수 있고 컴퓨터 과학 없이는 수행하기가 어려운 활동을 성공적으로 수행할 수 있습니다.

진정한 응용authentic application 단계는 이 책이 가장 중점적으로 다루는 것으로, 가장 강력한 컴퓨터 과학 통합 유형입니다. 이 단계는 SAMR 모델의 개선 단계와 재정의 단계가 혼합된 것으로, 컴퓨터 과학과 주요 교과 영역은 사람들이 "실제" 세상에서 어떻게 일하는지에 따라 한데 뒤엉킵니다. 여기서는 지역제 변경 프로젝트를 여러 가지 방식으로 진행할 수 있습니다. 한 가지 방법은 각각의 변경안들에 대해 간단한 모델을 만들고 사용자가 모델을 사

---

20) 스크래치(http://scratch.mit.edu)는 모든 연령의 학습자들이 사용할 수 있는 비주얼 프로그래밍 언어로, 인터랙티브 스토리나 게임, 애니메이션 등을 만들 수 있습니다. 스크래치를 활용한 컴퓨터 과학 통합 수업은 〈부록 C〉를 참고바랍니다.

용하여 변경안과 실제적인 방식으로 상호작용하도록 하는 것입니다.

또 다른 방법은 강화 단계의 예시활동에서처럼 사용자의 응답 데이터를 추적하는 것입니다. 하지만 여기서는 단순히 데이터를 추적하는 것에 그치지 않고 사용자가 프레젠테이션과 상호작용하기 전과 그 이후의 응답을 모두 추적하여 프레젠테이션이 사용자들의 인식을 어떻게 변화시켰는지를 분석하거나 사용자들로부터 다양한 의견을 수집하여 이들이 각 지역제 변경안의 어떤 요소에 응답하였는지 확인하고 이를 반영한 네번째 변경안을 개발합니다. 두 방법 모두 교실에 고립되어 있던 활동을 끌어내어 컴퓨터 과학에 통합하고, 학생들이 도시 기획자처럼 더욱 실제적으로 프로젝트를 수행하도록 합니다.

# 🖱 컴퓨터 과학 실천

지난 2016년, 컴퓨터 과학교육 연합회[21]는 K-12 학생들이 알아야 할 컴퓨터 과학의 핵심 개념Concepts과 학생들이 수행해야 하는 실천Practices 내용을 규정하는 컴퓨터 과학 프레임워크K-12 Computer Science Framework[22]를 발표했습니다. 이를 기반으로 컴퓨터 과학교사 연합(Computer Science Teachers Association, 이하 CSTA)은 컴퓨터 과학 표준 개정안(CSTA K-12 Computer Science Standards, Revised 2017)[23]을 마련하였고, 컴퓨터 과학 프레임워크는 미국 전역에서 이루어진 컴퓨터 과학 표준 연구에 기초 자료가 되었습니다. 컴퓨터 과학 프레임워크는 학생들에게 가르쳐야 할 컴퓨터 과학 개념과 실천 내용을 각 학년별로 제시하고 있으며, 각 주States에서 적용하고 있는 다양한 표준 프레임워크에 적용할 수 있기 때문에 컴퓨

---

21) 컴퓨터 과학교육 연합 : ACM(Association for Computing Machinery), 코드닷오알지(Code.org), 컴퓨터 과학 교사 연합(Computer Science Teachers Association), 사이버 혁신 센터(Cyber Innovation Center), 전미 수학 과학 이니셔티브(National Math and Science Initiative), K-12 및 고등교육 컴퓨터 과학 교육자 등으로 구성되었습니다.

22) 2016 컴퓨터 과학 프레임워크 : https://k12cs.org

23) 2017 CSTA 컴퓨터 과학 표준 : https://www.csteachers.org/page/standards

터 과학 통합 교육과정을 개발하는 데 유용한 도구로 사용될 수 있습니다.

이 책에 포함된 프로젝트들은 컴퓨터 과학 프레임워크가 제시하는 개념들을 다루고 있습니다. 여러분이 통합 교육을 계획하고 있다면 컴퓨터 과학 실천 내용에 더욱 중점을 두세요(표 1.2 참고). 컴퓨터 과학 실천 내용을 교과의 내용 영역별 표준과 통합함으로써 학생들이 수행하는 것(컴퓨터 과학)과 배워야 할 내용(교과 영역의 내용)을 지원합니다.

**[표 1.2] K-12 컴퓨터 과학 프레임워크 실천**

| | 실천 | 설명 |
|---|---|---|
| 1 | 폭넓은 컴퓨팅 문화 조성하기 | • 포용적이고 다양한 컴퓨팅 문화를 구축하기 위해서는 다양한 성별, 민족, 능력을 가진 사람들의 관점을 통합하는 전략이 필요함. 이를 위해서는 다양한 배경을 가진 사람들의 개인적, 윤리적, 사회적, 경제적, 문화적 맥락을 이해해야 함<br>• 컴퓨팅을 이용하여 결과물을 만들기 위해서는 설계 및 제작 과정에서 다양한 배경의 사용자들을 고려해야 함 |
| 2 | 컴퓨팅 환경에서 협업하기 | • 협력적 컴퓨팅(collaborative computing)은 두 명이 함께 혹은 여러 명이 팀을 이루어 계산적 과제를 수행하는 것을 의미함. 이 과정에서는 다른 사람에게 도움이나 피드백을 요청할 수 있기 때문에 효과적으로 협업하는 경우에는 과제를 개별적으로 수행할 때보다 더 나은 결과를 얻을 수 있음<br>• 효과적인 협업을 위해서는 개개인의 다양한 관점, 상충되는 아이디어, 서로 다른 역량, 뚜렷한 개성을 파악하고 통합해야 함<br>• 적절한 협업 도구를 사용하여 효과적으로 협업하고, 정교한 결과물을 만들어 낼 수 있어야 함 |
| 3 | 컴퓨팅 문제를 인식하고 정의하기 | • 컴퓨팅의 핵심은 계산적 작업을 가치 있게, 적절히 사용하는 능력으로, 시간이 지남에 따라 점진적으로 발전시킬 수 있음<br>• 문제를 계산적으로 해결하기 위해서는 문제가 무엇인지 정의하고, 이를 해결 가능한 작은 단위로 분해하여 각 단위별로 필요한 계산적 솔루션이 무엇인지를 판단해야 함 |
| 4 | 추상화 기법을 개발하고 사용하기 | • 추상화는 패턴을 식별하고 공통된 속성을 추출하여 일반화하는 것을 의미함<br>• 일반화된 솔루션이나 광범위하게 재사용되는 솔루션은 문제의 복잡성을 관리할 수 있고 문제해결 과정을 단순화시킴 |

| | 실천 | 설명 |
|---|---|---|
| 5 | 컴퓨팅을 이용한 결과물 만들기 | • 컴퓨팅 결과물을 만드는 과정은 창의적 표현, 프로토타입 개발 및 문제해결에 필요한 아이디어 탐구 활동을 모두 포함함<br>• 개인적으로 관심이 있거나 자신이 속한 커뮤니티 혹은 다수를 위한 컴퓨팅 결과물을 제작함<br>• 이전에 없었던 새로운 결과물을 만들거나 기존 결과물들을 결합하고 수정하여 새로운 결과물을 만들기도 함. 프로그램, 시뮬레이션, 데이터 시각화, 디지털 애니메이션, 로보틱스 시스템, 응용 프로그램 등이 해당됨 |
| 6 | 결과물을 테스트하고 개선하기 | • 컴퓨팅 결과물을 테스트하고 개선하는 과정을 의도적으로 반복함<br>• 디버깅(오류 식별 및 해결), 의도했던 결과와 실제 결과를 비교함<br>• 계속 변하는 사용자의 요구에 대응하고, 결과물의 신뢰성과 유용성, 접근성 등을 어떻게 향상시킬지 고민함 |
| 7 | 컴퓨팅에 관하여 논의하고 소통하기 | • 개인적으로 표현하기, 다른 사람들과 아이디어 교환하기 등이 소통하기에 모두 포함됨<br>• 컴퓨팅 사용 및 효과, 컴퓨팅 선택의 적절성 등에 대해 다른 사람들과 논의하기<br>• 다양한 미디어를 사용하여 각자 의견을 작성하고, 작업 내용을 기록하며 서로의 생각을 나누기<br>• 서로의 의견을 명확하게 전달하기 위해서는 정확한 언어를 사용하고, 잠재적 참여자들을 고려할 수 있어야 함 |

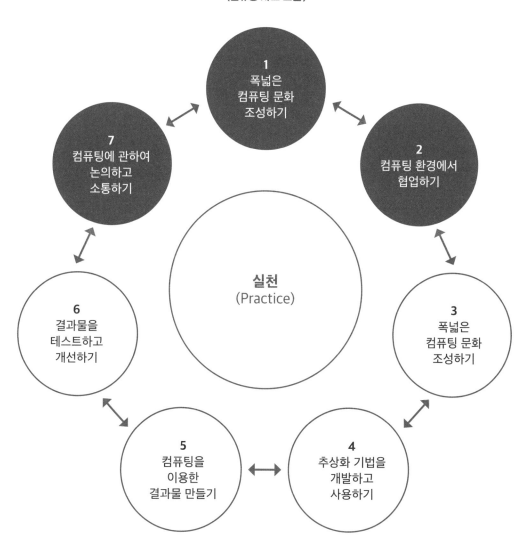

[그림 1.3] K-12 컴퓨터 과학 프레임워크 핵심 실천

# 컴퓨터 과학 핵심 실천
### (컴퓨팅 사고 포함)

**1**
폭넓은
컴퓨팅 문화
조성하기

**7**
컴퓨팅에 관하여
논의하고
소통하기

**2**
컴퓨팅 환경에서
협업하기

**실천**
(Practice)

**6**
결과물을
테스트하고
개선하기

**3**
폭넓은
컴퓨팅 문화
조성하기

**5**
컴퓨팅을
이용한
결과물 만들기

**4**
추상화 기법을
개발하고
사용하기

# 🖱 컴퓨팅 사고

컴퓨팅 사고Computational Thinking의 개념은 꽤 오랫동안 사용되어 왔지만, 지난 2006년 자넷 윙Jeannette Wing 교수가 미국 컴퓨터학회인 ACMAssociation for Computing Machinery[24]에서 발표하면서 재조명되고 있습니다. 컴퓨팅 사고는 이미 널리 알려져 있지만 연구자들마다 정의하고 있으며 심지어는 서로 경쟁적으로 다루고 있습니다.

지난 2011년, CSTA와 ISTE는 컴퓨팅 사고를 정의하고 교실 수업에서 사용하는 방법을 안내하는 컴퓨팅 사고 리더십 툴킷Computational Thinking Leadership Toolkit[25]을 발표했습니다. CSTA와 ISTE는 컴퓨팅 사고에 대한 이해를 돕기 위해 다음과 같이 조작적 정의를 내렸습니다.

컴퓨팅 사고는 다음과 같은 특징을 포함하는 문제해결 과정입니다. (단, 컴퓨팅 사고가 다음 특징에 국한되는 것은 아닙니다.)

- 컴퓨터 혹은 다른 도구들을 사용하여 해결할 수 있도록 문제를 형식화formulating 합니다.
- 데이터를 논리적으로 구성하고 분석합니다.
- 모델 및 시뮬레이션과 같은 추상화된 방법으로 데이터를 표현합니다
- 알고리즘적 사고(algorithmic thinking : 문제해결 과정을 일련의 정렬된 단계로 정의함)를 통해 문제해결 방식을 자동화합니다.
- 문제를 가장 효율적이고 효과적으로 해결하기 위해 필요한 자원들이 무엇인지 식별하고 분석하여 실제로 구현합니다.

---

24) Wing, J. M. (2006). Computational thinking. Communications of the ACM, 49(3), 33-35.
※ 원문보기 : https://bit.ly/2Xoxahd
※ 한국어 번역 자료 보기 : https://bit.ly/2DraYMq

25) 컴퓨팅 사고에 대한 정의, 컴퓨팅 사고 관련 용어, 교육 리소스, 연구자료 등 컴퓨팅 사고에 관한 다양한 자료들을 한데 모아둔 것으로 교사와 학부모, 기업 등이 활용하도록 배포한 문서입니다.
※ 원문보기 : https://bit.ly/3k34qod

• 문제해결 방법을 일반화하고, 새롭고 다양한 문제들에 적용합니다.

컴퓨팅 사고를 지원하고 향상시키기 위해서는 다음과 같은 학습자의 기질과 태도가 반드시 필요합니다.

• 복잡성에 대한 자신감
• 어려운 문제를 끈기 있게 다루는 능력
• 모호성에 대한 관용
• 개방형 문제를 처리할 수 있는 능력
• 공동의 목표를 달성하거나 공동의 문제를 해결하기 위해 다른 사람들과 소통하고 협업하는 능력

위 내용을 K-12 컴퓨터 과학 프레임워크가 제시하는 일곱 가지 실천과 비교해 보면 상당 부분 중복되는 것을 확인할 수 있습니다. 컴퓨터 과학교육 연합회는 프레임워크를 개발하면서 컴퓨팅 사고의 의미를 정의하는 데 그치지 않고 학습자가 컴퓨팅 사고를 직접 실천할 수 있도록 일곱 가지 실천 내용을 포함하였습니다.

컴퓨터 과학 핵심 실천 중 3~6번(컴퓨팅 문제를 인식하고 정의하기, 추상화 기법을 개발하고 사용하기, 컴퓨팅을 이용한 결과물 만들기, 결과물을 테스트하고 개선하기)은 컴퓨터 사고의 핵심 요소를 반영하였고, 나머지 컴퓨터 과학 핵심 실천(폭넓은 컴퓨팅 문화 조성하기, 컴퓨팅 환경에서 협업하기, 컴퓨팅에 관하여 논의하고 소통하기)은 컴퓨터 과학과 관련된 좀 더 일반적인 목적에도 적용될 수 있습니다.

이 책에서는 컴퓨팅 사고에 대한 이해를 기반으로 컴퓨터 과학 실천 내용에 더욱 중점을 두고자 합니다.

# 🖱 학생을 위한 ISTE 표준

여러분이 ISTE 표준(ISTE Standards for Students)에 대해 잘 알고 있다면 K-12 컴퓨터 과학 프레임워크 실천 내용과도 상당 부분 유사하다는 것을 느꼈을 것입니다. ISTE 표준과 K-12 컴퓨터 과학 프레임워크 실천은 빠르게 발전하는 세상에서 학생들이 적극적으로 참여하고 성공적으로 살아가는 데 필요한 내용을 제시하고 있습니다.

두 개의 문서는 비슷한 범위와 비전을 다루고 있으며, K-12 컴퓨터 과학 프레임워크 실천 내용은 ISTE 표준 문서에도 잘 반영되어 있습니다 (표 1.3) 참고.

**[표 1.3] ISTE 표준과 K-12 컴퓨터 과학 프레임워크 실천**

| ISTE 표준 | K-12 컴퓨터 과학 프레임워크 실천 |
|---|---|
| 유능한 학습자 | • 결과물을 테스트하고 개선하기 |
| 디지털 시민 | • 폭넓은 컴퓨팅 문화 조성하기 |
| 지식 구성가 | • 결과물을 테스트하고 개선하기 |
| 혁신적인 디자이너 | • 컴퓨팅을 이용한 결과물 만들기<br>• 결과물을 테스트하고 개선하기 |
| 컴퓨팅 사고가 | • 컴퓨팅 문제를 인식하고 정의하기<br>• 추상화 기법을 개발하고 사용하기<br>• 컴퓨팅을 이용한 결과물 만들기<br>• 결과물을 테스트하고 개선하기 |
| 창의적 소통가 | • 컴퓨팅에 관하여 논의하고 소통하기 |
| 글로벌 소통가 | • 폭넓은 컴퓨팅 문화 조성하기<br>• 컴퓨팅에 관하여 논의하고 소통하기 |

※ ISTE 학생 표준 전문은 〈부록 D〉를 참고바랍니다.

# 첫 걸음(또는 그 다음 걸음)을 내딛으세요

저는 교실을 떠난 지 꽤 오래되었습니다. 하지만 가르치는 근육은 아직 건재하기 때문에 수업에서 새로운 것을 추가하는 것이 두렵지 않습니다. 이 책을 읽는 여러분은 이미 해야 할 일들로 일정이 빼곡히 채워져 있더라도 새로운 도전을 위해 여지를 둘 것이라 믿어 의심치 않습니다. 여러분의 일정에 수업에서 다루어야 할 표준 내용들을 차고 넘치도록 추가하세요.

이 책에 포함된 활동과 프로젝트들은 교과별 내용 영역 표준을 가르치는 데 도움을 주도록 설계했기 때문에 여러분이 기존 수업 활동을 새로 대체하는 데 도움이 될 것입니다.

컴퓨터 과학의 통합 수업은 학생들을 새로운 방식으로 수업에 참여시키고, 교실을 더욱 즐겁게 만들며, 학생들에게도 더욱 가까이 다가가도록 해줍니다. 컴퓨터 과학의 통합 수업은 컴퓨터 과학, 기술, 교과의 내용 영역 표준 간의 자연스러운 연결을 강조함으로써 기존 교육과정에 새로운 활력을 불어넣을 것입니다. 수업에 컴퓨터 과학을 통합하는 것은 분명 가치 있는 일이라고 믿어봅시다.

모든 것을 한 번에 이룰 수는 없습니다. 학생들을 위해 우리가 할 수 있는 최선을 다해야 다음 단계로 나아갈 수 있습니다. 여러분이 이 책의 아이디어와 활동들을 고려한다면, 앞서 제시한 컴퓨터 과학 통합을 위한 SEAA 모델을 잘 기억해 두시기 바랍니다. 이 모델은 여러분이 반드시 해야 할 일들을 틀에 박힌 형태로 제시하기 위한 것이 아니라 여러분이 더 많은 기회를 찾을 수 있도록 돕기 위한 것입니다.

학생들이 항상 SEAA 모델의 진정한 응용Authentic Application 단계까지 도달하지 못할 수도 있습니다. 하지만 컴퓨터 과학을 교과의 내용 영역과 통합하고 실세계에 진정으로 응용하기까지는 많은 노력이 필요하기 때문에 걱정하지 않아도 됩니다. 때로는 포스터나 마커를 이용하는 대신 코드를 작성하여 프레젠테이션 자료를 만드는 것 만으로도 충분합니다. 여러분이 이 책을 모두 읽고 나서 수업에 코딩을 소개하고 싶은 생각이 든다면 모든 준비가 끝난 겁니다! 이제 첫 걸음을 내딛으세요.

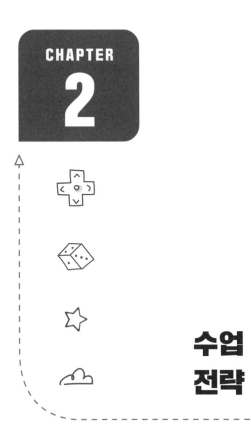

CHAPTER

2

수업
전략

컴퓨터 과학을 경험하지 않은 교사에게는 수업에 코딩을 도입하는 것이 두렵게 느껴질 수 있습니다.

학생들에게 교사가 잘 알지 못하는 문제가 생기면 어떻게 해야 할까요?

학생이 교사보다 더 많은 것을 알고 있다면 어떨까요?

여러분이 경험하지 못했던 것에 대해 학생들이 질문을 하면 어떻게 대답해야 할까요?

일단, 멈춰서 숨을 크게 쉬세요.

새롭고 흥미로운 활동을 수업에 도입할 때, 스스로에게 작은 단계부터 나아갈 수 있는 권한을 주세요. 치열하게 도전하고, 시행착오를 겪고, 실패해도 좋습니다. 아울러 이제부터 소개할 유용한 교실 전략들을 늘 기억해 두세요. 몇몇 전략들은 이미 잘 알려진 학습자중심 교육을 위한 좋은 사례들을 기반으로 하기 때문에 여러분에게도 익숙할 겁니다. 또 다른 몇몇 전략들은 기술 산업에서의 성공적인 사례들을 수정한 것이기 때문에 특히 컴퓨터 과학 분야에 적합한 것으로 보입니다. 이 전략들은 다른 교과 영역에 적용하기에는 적절하지 않습니다.

다음 전략들 중에서 기존 교수활동과 함께 폭넓게 적용할 수 있는 전략들이 얼마나 되는지 살펴보세요.

## 🖱 리더 학습자가 되세요

교사는 학생들에게 많은 것들을 요구합니다. 학생들을 엄격히 구조화된 환경 속에 가둬놓고 학생들이 이해하지 못하는 규칙조차 따르도록 강요합니다. 무엇보다도, 우리는 학생들에게 끊임없이 배울 것을 요구합니다.

교사는 학생들에게 실로 많은 것들을 요구하고 있습니다. 하지만 그중에서 진정으로 바라는 것이 무엇인지 생각해 보세요. 우리는 학생들이 전에 해본 적이 없는(혹은 결코 잘 해내지 못했던) 것들에 끊임없이 도전할 것을 하루 종일 요구하고 있습니다.

교사는 학생들에게 참혹한 실패가 예상되는 상황에서도 기꺼이 위험을 감수할 것을 요구합니다. 교사가 이러한 학생들의 경험에 더욱 공감하기 위해서는 교사 스스로도 끊임없이 위험을 감수하고 새로운 일에 도전해야 합니다.

교사가 리더 학습자가 된다는 것은 교실에서 지식을 전달하는 역할은 뒤로 하고 학생들과 함께 지식을 탐구하는 동료 학습자가 되는 것을 의미합니다. 물론, 교사의 경험을 학생들에게 공유하는 기회는 많습니다. 하지만 리더 학습자라면 "나도 잘 모르겠어. 우리 같이 찾아보자."라고 말하는 것에 익숙해져야 합니다.

여러분이 이러한 여정을 시작하기 위해서는 여러분의 장점과 약점을 학생들에게 정직하게 표현해야 합니다. 학생들에게 도전 과제를 기꺼이 받아들이고 학습하는 모습을 모델링해 주세요. 여러분이 기꺼이 리더 학습자로서 역할을 다한다면, 컴퓨터 과학에서의 부족한 경험이 오히려 장점이 될 수 있습니다.

코드닷오알지의 컴퓨터 과학 디스커버리 코스(Computer Science Discoveries course, 2017)[26]는 교사가 리더 학습자로서 컴퓨터 과학을 가르치는 데 도움이 되는 실질적인 방법들을 담고 있습니다.

- 학생들이 내용을 말로 표현하기 전에 활동에 직접 뛰어들도록 하세요.
- 학생들이 서로 의지하며 돕도록 격려하세요.
- 이미 답을 알고 있더라도 학생들에게 바로 알려주지 마세요.
- 학생들 앞에서 실수하는 것을 두려워 마세요. 실수 역시 학습하는 과정의 일부라는 것을 학생들이 배우도록 하세요.
- 학생들이 포기하지 않고 탐구해야 할 주제에 집중할 수 있도록 질문을 던져줍니다.
- 리더 학습자로서 새로운 주제를 학습하는 과정을 모델링해 줍니다. 답을 찾는 과정에서 어떤 질문을 하고 답을 했는지 스스로에게 묻고 대답합니다.

위와 같은 접근 방식은 교사가 새로운 교과 지식을 얻는 것을 포기하라는 것이 아니라 학생들에게 새로운 지식을 습득하는 과정을 보여주는 것을 목표로 합니다. 여러분이 리더 학습자로서의 역할을 진정으로 다한다면 컴퓨터 과학에 대한 지식을 더욱 깊이 있게 이해하고 더 나은 컴퓨터 교사가 될 것입니다.

---

26) 6~10학년 학생(우리나라 중고등학생)들을 위한 기초 컴퓨터 과학 과정으로 문제해결, 프로그래밍, 피지컬 컴퓨팅, 사용자 중심 디자인 등의 내용으로 구성되었습니다.
※ 2020-2021 버전 : https://curriculum.code.org/csd-20

컴퓨터 과학 교육 분야는 끊임없이 진화하고 있습니다. 어느 누구도 컴퓨터 과학 분야에 대한 답을 모두 알고 있지는 않습니다.

개발자들은 끊임없이 배우고 기술skill sets을 갈고 닦습니다. 끊임없이 성장하고 배우는 것. 이것이 바로 우리 학생들이 지녀야 할 마인드셋이 아닐까요?

컴퓨터 과학을 배우는 사람들은 평생 학습자가 되어야 합니다.

리더 학습에 대한 접근은 캐럴 드웩Carol Dweck의 성장 마인드셋mindset 연구로부터 비롯되었습니다.[27] 성장 마인드셋은 고정 마인드셋에 반대되는 개념으로, 뇌 가소성에 대한 신경 과학 연구에 기반을 둡니다. 즉, 성장 마인드셋은 우리의 뇌는 변화하고 성장할 수 있다고 봅니다. 한편, 고정된 사고 방식을 가진 학생(또는 교사)은 대체로 어떤 일은 좋고 또 다른 일은 나쁘다고 생각하는 경향이 있으며 이러한 성향을 극복하지 못한다고 생각합니다.

어떤 이들은 "괴짜 유전자geek gene"를 가진 사람들만이 컴퓨터 과학을 잘할 수 있다고 생각합니다. 물론 틀린 생각이지요.

학생들이 성장 마인드셋을 가지도록 적극 장려함으로써 학생 스스로가 컴퓨터 과학을 "나는 할 수 없어!" 하고 생각해 버리는 내적, 문화적 장벽들을 극복할 수 있도록 도울 수 있습니다.


여기서 성장 마인드셋의 개념을 완전히 정의할 수는 없습니다만, 성장 마인드셋을 강화하고 학생들과 대화하는 방식을 조금이라도 변화시키는 데 도움이 될만한 몇 가지 권장사항들을 소개합니다 (그림 2.1) 참고. 성장 마인드셋에 대해 더 깊이 이해하고 싶을 경우 캐럴 드웩의 『성장 마인드셋』 도서를 참고하세요.

---

27) 캐럴 드웩의 『The power of believing that you can improve(2014)』 강연 영상 :
   https://bit.ly/31C2XN8

[그림 2.1] 성장 마인드셋 장려하기

**학생들을 격려하는 방법**

| 성장 마인드셋<br>(권장하는 표현) | 고정된 마인드셋<br>(피해야 할 표현) |
| --- | --- |
| 새로운 수학 문제해결법을 배우면<br>수학 두뇌가 성장한단다! | 누구나 수학을 잘하는 것은 아니란다.<br>좀 더 최선을 다해 보렴. |
| '나는 수학을 잘 못해' 대신<br>'나는 "아직" 수학을 잘 못해'라고 말해 보렴. | 괜찮아,<br>수학은 단지 너의 약점들 중 하나일 뿐이야. |
| 수학이 힘들고 어렵다고 느낄 때<br>두뇌가 성장하고 있는거란다. | 걱정하지마, 계속 노력하면 돼.<br>(학생들이 잘못된 전략을 사용할 경우,<br>학습 효과가 미비할 수 있습니다.<br>이때에는 학생들 역시 자신의 노력이<br>헛되다고 느낄 수 있습니다.) |
| 정답을 바로 찾는 것이 전부가 아니란다. 정말<br>중요한 것은 차근차근 단계별로 이해하는 것이지.<br>자, 이 다음에는 무엇을 시도해 볼까? | 엄청난 노력을 했구나! 정말 최선을 다했네.<br>(학생들이 정말 자신의 능력을 최대한 발휘했는지<br>신중히 생각해 보세요.) |

※ 출처 : 캐럴 드웩

## 🖱 교사가 잘 모르는 경우에 대처 방법

교사가 리더 학습자로서 역할을 수행할 때 기억해야 할 주요 사항이 있습니다. [표 2.1]은 리더 학습자에게 도움이 될만한 표현 어구를 정리한 것입니다.

[표 2.1] 리더 학습자에게 도움이 되는 대화 모음

| 학생 질문 | 리더 학습자로서 교사의 대응 |
| --- | --- |
| 이 (코딩)도구로<br>무엇을 만들 수 있나요? | 해당 언어로 만들어진 작품 갤러리를 소개하고 예제 작품들을 찾아 실행해 보도록 합니다. |
| "제 코드가 제대로 실행되지 않아요.<br>선생님께서 고쳐주실 수 있나요?" | 학생 코드를 직접 해결해 주지 마세요. 해당 코드의 기능을 설명해 주고, 이 책의 〈Chapter 9〉를 참고하여 적절한 디버깅 전략을 제시해 주세요. |

| 학생 질문 | 리더 학습자로서 교사의 대응 |
|---|---|
| "제가 ~을 하려고 해요.<br>선생님께서 도와주실 수 있나요?" | 교사가 익숙하지 않은 기술이라면 학생에게 설명해 달라고 부탁하세요. 종종 다른 사람에게 코드를 설명하면서 문제가 드러날 수 있습니다. |
| "왜 _____ 대신 _____로<br>프로그래밍하지 않나요?<br>이건 어린아이들이 사용하는 도구라고요." | 학생들에게 프로그래밍 언어들은 각각 장단점을 가지고 있으며 왜 해당 언어를 선택했는지를 설명해 줍니다. 만약 계속하여 다른 언어로 배우기를 원한다면, 프로젝트를 복사하여 학생들이 선호하는 언어로 실행하고 기존에 교사가 선택했던 언어와 비교하여 설명해 줍니다. |
| "이건 실제로 동작하지 않아요. 왜 실제로 동작하는 방법을 알려주시지 않나요?" | 컴퓨터 과학 수업에서는 우선 간단한 개념을 소개하고 차차 상세한 내용을 다룰 때가 있습니다. 학생에게 이러한 사실을 알려주고, 어떠한 방법으로 상세 내용을 가르치고 배우면 좋을지에 대해 학생이 직접 제안해 보도록 합니다. |

## 소통과 협업

개발자에게 필요한 또 다른 필수 역량은 다른 사람들과 소통하고 협업하는 능력입니다(종종 원격으로 다양한 문화나 언어를 넘나듦). 이것은 모든 학생들이 길러야 할 중요한 기술로, 컴퓨터 과학 관점에서 더욱 명확하게 접근할 수 있습니다.

이 책에서 제시하는 프로젝트들은 협업 활동이 가능하도록 설계되었지만, 교사의 신중한 노력 없이는 교실 활동에 효과적으로 적용하기가 어렵습니다. 교실에서 코딩 활동을 할 때에는 학생들에게 다방면의 역량이 요구되므로 학생들의 역량 수준에 맞춘 차별화 전략이 필요합니다.

컴퓨터 과학은 아직 학교에서 주요 교과나 활동으로 인정받지 못하고 있습니다. 때문에 여러분은 대부분 컴퓨터 과학 경험이 없는 학생들을 만나게 될 겁니다. 일부 학생들은 초등학교 수업시간에, 혹은 동아리 활동이나 가정에서 컴퓨터 과학을 접했을 것입니다.[28] 하지만 더 많은 학생들이 컴퓨터 과학을 배우고 싶어할 겁니다.

여러분에게 주어진 과제는 모든 학생들이 컴퓨터 과학을 배우며 환영받고 자신의 능력을 인정받을 수 있도록 균형있게 가르치는 것입니다. 학생들의 다양한 경험 수준을 관리함으로써 소외 계층 학생들의 자기 효능감과 자의식에 중요한 영향을 줄 수 있습니다.

## 🖱 페어 프로그래밍

페어 프로그래밍Pair programming은 소프트웨어 개발 분야에서 비롯된 기법으로, 두 명의 개발자가 나란히 앉아 컴퓨터 한 대를 같이 사용하며 문제를 해결합니다. 두 사람이 하나의 컴퓨터에서 일을 하는 것은 비효율적인 것처럼 생각될 수 있으나, 페어 프로그래밍을 효과적으로 잘 수행할 경우에 코드뿐 아니라 커뮤니케이션의 질을 모두 높일 수 있습니다. 관련 연구에 따르면 페어 프로그래밍 기법을 적용한 소프트웨어 개발자들이 다음과 같은 효과를 얻은 것으로 나타났습니다.

- QA 테스트[29]를 할 때보다 코드를 입력하는 과정에서 오류나 실수 등을 더욱 쉽게 발견할 수 있다.
- 통계적으로 최종 결함 빈도가 낮다.
- 전체적으로 프로그램 설계가 잘 되고 코드 길이도 짧다.
- 개인보다 팀은 문제를 더욱 빨리 해결한다.
- 시스템과 소프트웨어 개발에 대해 훨씬 더 많이 배운다.
- 팀 구성원들이 시스템을 구성하는 각 부분들을 상세히 이해하게 된다.
- 함께 작업하고 소통하면서 정보를 더욱 효과적으로 공유하고 팀 활력을 높인다.

---

28) 우리나라는 2015년에 개정된 국가 수준의 교육 과정을 통해 초등학교 5~6학년은 2019년부터 실과 교과에서, 중학생과 고등학생은 2018년부터 정보 교과에서 SW를 배우고 있습니다. 이로써 모든 초등학생과 중학생이 SW 교육을 필수로 이수하게 되었습니다.

29) 소프트웨어를 출시하기 전 요구하는 품질에 충분히 만족하는지를 테스트하는 것

• 더욱 즐겁게 작업에 임할 수 있다.

페어 프로그래밍은 더 나은 제품을 개발하고 싶은 회사에서 사용하기에 좋은 방법이기도 하지만, 프로그래밍 기술을 향상시키고 싶은 학생들에게도 많은 도움이 됩니다. 페어 프로그래밍은 초·중등 교육과정뿐 아니라 고등교육에서도 효과적으로 적용되어 컴퓨터 과학을 배우는 학생들이 만드는 결과물 수준을 높이고 소통과 협업을 향상시켜줍니다. 또한 페어 프로그래밍은 경쟁적이거나 다른 누군가를 고립시키는 것이 아닌 협력적이고 사회적인 활동입니다. 따라서 관련 연구에서 컴퓨터 과학을 배우는 학생들 간의 성별 격차를 줄이는 것으로 나타났습니다.

페어 프로그래밍을 교실에 적용할 때 학생들은 다음 두 가지 역할을 합니다.

• 드라이버driver : 컴퓨터의 마우스와 키보드를 제어하면서 코드를 작성합니다.
• 네비게이터navigator : 드라이버와 함께 작업하며 목표를 충족시키는지 확인합니다. 드라이버가 작성하는 코드를 읽고, 드라이버에게 질문을 하고, 다음 작업을 제안합니다.

학생들이 활동에 동등하게 참여하고 기여할 수 있도록 3~5분마다 드라이버와 네비게이터 역할을 서로 번갈아 가며 진행합니다.

소프트웨어 산업에서 페어 프로그래밍 전략을 적용하였을 때 개인이 혼자서 작업할 때보다 더욱 안정적이고 창의적인 코드를 만드는 것으로 입증되었습니다. 수업에서 페어 프로그래밍을 적용하고 싶다면 다음과 같은 기본 규칙을 잘 기억해 두시기 바랍니다.

**[페어 프로그래밍 규칙]**
1. 드라이버만 마우스와 키보드를 제어할 수 있습니다. 네비게이터가 직접 코드를 작성하지 않기!
2. 역할을 자주 바꾸어줍니다(3~5분마다).
3. 말하기! 드라이버와 네비게이터는 지금 만들고 있는 것에 대해 함께 말하고 끊임없이 소통해야

합니다.

4. 읽기! 네비게이터는 드라이버가 작성한 코드를 모두 읽고 설명할 수 있어야 합니다.

# 상호 협력과 동료 교수를 위한 구조

컴퓨터를 잘 다루거나 경험이 많은 학생들이 경험이 없는 다른 학생들을 돕도록 효과적으로 관리하면 교실 분위기를 협조적이고 협력적으로 이끌 수 있습니다. 하지만 명확한 규칙이 없으면 오히려 학생들의 자기효능감을 저하시키는 문제를 초래할 수 있습니다.

또래 지지가 긍정적 혹은 부정적으로 적용된 사례를 간단한 시나리오를 통해 살펴보겠습니다.

가브리엘은 코드를 한 번도 작성해 본 적이 없는 학생입니다. 그의 집에는 컴퓨터가 없으며 학교에서 컴퓨터를 사용할 때 늘 불편하고 불안합니다.

사회 선생님이 다음 수업시간에는 1800년대 초반의 개척자를 소개하는 어플리케이션을 만들 것이라고 했습니다. 가브리엘은 스크린 화면을 변경하는 버튼을 만드는 것부터 어려워하며 과제를 하기 위해 고군분투하고 있습니다.

샘은 지난 몇 년간 코딩 동아리에서 활동했습니다. 선생님은 샘이 벌써 어플리케이션 개발을 끝낸 것을 보고, 샘에게 가브리엘을 도와주라고 했습니다.

## [시나리오 A]
샘이 가브리엘의 옆에 앉아 직접 마우스를 쥐고, 스크린 화면을 변경하는 데 필요한 코드 블록을 드래그하는 방법을 보여줍니다. 샘은 가브리엘이 이해했는지 확인한 후 다른 친구들을 돕기 위해 서둘러 자리를 이동합니다.

## [시나리오 B]

샘이 가브리엘 옆에 앉아 프로그램을 어떻게 동작시키고 싶은지 묻습니다. 가브리엘이 버튼을 클릭하여 스크린 화면을 변경하고 싶다고 하자, 샘이 가브리엘에게 도구 상자를 보여주며 클릭에 반응할 것 같은 블록이 있는지 물어봅니다. 샘은 가브리엘이 블록을 찾을 때까지 도구 상자에 있는 블록들의 기능에 대해 같이 이야기합니다. 샘은 가브리엘이 고른 블록을 직접 시도해 보고 어떻게 동작하는지 확인하도록 격려해 줍니다. 샘은 가브리엘이 완전히 이해하도록 돕기 위해 무엇을 프로그래밍했는지 설명해 달라고 합니다. 샘은 다른 학생이 같은 어려움을 겪고 있는 모습을 보고 가브리엘에게 도와줄 것을 권유합니다.

각각의 시나리오 상황이 모두 끝난 후 가브리엘이 자신의 프로그래밍 능력에 대해 어떻게 느꼈을까요? 시나리오 A에서는 사실상 가브리엘이 문제해결을 위한 프로그래밍을 하지 않았습니다. 때문에 가브리엘이 실제로 무엇을 배웠는지가 확실하지 않습니다. 한편, 샘은 여러 컴퓨터들을 서둘러 옮겨 다니며 문제를 해결하는 자신을 마치 교실의 영웅이라 생각합니다.(다른 친구들도 샘을 영웅처럼 생각할 수도 있지요).

샘이 가브리엘보다 컴퓨터를 더 잘하는 것이 당연한 건가요?

가브리엘(또는 다른 누군가가)은 샘이 컴퓨터를 더 잘하는 것을 알면서도 문제해결에 도전해야 하는 것일까요?

[시나리오 B]는 훨씬 더 복잡한 과정이지만, 가브리엘이 클릭에 반응하는 명령어 사용 방법을 배웠을 것입니다. 샘은 가브리엘을 도와주는 과정에서 자신이 영웅이라 느끼지는 못하지만 다른 누군가를 가르쳐주는 것에 만족하게 됩니다. 이러한 과정에서 샘이 프로그래밍에 접근했던 방식을 상세히 보여주고 보다 쉽게 접근할 수 있도록 자신만의 문제해결 과정을 가브리엘에게 모델링해 줍니다.

결과적으로 가브리엘은 필요한 내용을 배웠을 뿐 아니라 비슷한 어려움을 겪는 다른 친구들을 돕기도 했습니다. 이것은 모든 학생들이 함께 배울 수 있다는 것을 시사합니다.

우리 교실이 보여줄 모습은 바로 [시나리오 B]입니다.

여러분의 교실에서는 [시나리오 B]에서처럼 언제나 가브리엘이 순조롭게 "이해"하거나 샘이 인내심을 갖고 가브리엘이 열심히 도전하도록 끝까지 기다려 주지는 않을 겁니다. 하지만 이러한 사실을 인정하는 것만으로도 컴퓨터 과학에 대한 경험 수준이 제각각인 학생들이 모두 성공적으로 학습할 수 있는 건강한 교실 커뮤니티를 만들어 가는 과정이 될 수 있습니다.

이러한 교실을 구성하기 위해서는 숙련된 학생에게 "도움"을 요청하는 것 말고도 해야 할 것들이 더 있습니다. 모든 학생이 성공적으로 컴퓨터 과학을 배우고, 교실 내에서 주요 역할을 하는 공헌자로 느끼도록 교실 구조를 만들고 다져야 합니다.

다음은 협력적인 또래 지지를 구성하는 데 도움이 될 만한 규칙입니다.

### 교사에게 질문하기 전에 다른 세 명의 동료 학습자에게 질문하기

교사의 개입 없이 학생들이 서로 도울 수 있도록 교사를 찾기 전에 다른 학생을 찾아가 도움을 요청하도록 합니다. 방법은 매우 간단합니다. 학생은 교사에게 도움을 요청하기 전에 다른 세 명의 동료 학생들에게 질문을 합니다.

### 역할 배정하기

다른 학생을 도울 때는 명확하고 일관된 역할을 수행해야 합니다. 앞서 소개한 페어 프로그래밍의 역할(드라이버, 내비게이터)을 하는 것을 권장합니다. 다른 학생을 도울 때에는 반드시 내비게이터 역할을 해야 합니다. 즉, 마우스나 키보드를 직접 조작하거나 드라이버가 해야 할 일을 지시하지 말고, 드라이버에게 필요한 가이드라인을 해줍니다.

### 경계선 만들기

우리는 종종 다른 사람의 개입 없이 문제를 혼자 힘으로 해결하고 싶어합니다. 이러한 경우를 대비해서 다른 학생들에게 도움을 받을 때 서로 넘지 말아야 할 경계선을 만듭니다. 비

언어적 도구를 사용하여 다른 학생에게 도움 요청을 표현하는 것을 권장합니다.

예를 들어, 신호등 컵을 사용하는 것도 괜찮습니다. 모든 학생은 책상 위에 초록색, 노란색, 빨간색 세 가지 컵을 스택stack처럼 쌓아둡니다. 맨 위에 있는 컵으로 현재 도움이 필요한 정도를 표현합니다.

- 초록색 : 모든 것이 잘 진행되고 있음
- 노란색 : 어려움을 겪고 있지만 아직 도움이 필요하지 않음
- 빨간색 : 막막한 상태. 도움이 필요함

### 모든 학생이 서로 도움을 주고 받을 수 있는 기회 만들기

[시나리오 B]에서는 샘과 가브리엘이 다른 친구를 돕는 기회를 가졌습니다. 학생들이 서로 돕는 과정은 자기 효능감을 느끼거나 회복할 수 있도록 돕는 강력한 도구이므로 모든 학생이 경험할 수 있도록 기회를 만들어 주는 것이 중요합니다. 그러나 모든 학생이 프로그래밍에 대한 도움을 줄 수 있지는 않습니다. 이때에는 교실 활동에 필요한 다양한 기술과 능력들을 강조하기 바랍니다. 글 복사하기, 그래픽 디자인하기, 인터페이스 디자인하기, 아이디어 제안하기 등 다양한 활동을 통해 학생들이 서로 도울 수 있도록 해 보세요.

## 진정한 가치와 책임감 부여

사람들은 프로그래밍 과정을 종종 지루하고, 창의적이지 않으며, 고독한 과정으로 인식하기도 합니다. 이것은 사실이 아니지만, 때로는 이러한 인식이 현실을 좌우하기도 합니다.

학생들에게 컴퓨터 과학의 진정한 가치를 보여주고 책임감을 부여하여 컴퓨터 과학에 실제로 참여하도록 함으로써 잘못된 고정관념을 없애야 합니다.

예를 들어, 환경 보호에 관심이 있는 학생이 프로그래밍을 단지 게임을 만드는 도구로만

생각하고 있다고 가정해 봅시다. 이 학생의 경우에는 컴퓨터 과학자들이 기후 변화와 철새들의 이동 사이의 관계를 더욱 잘 이해하기 위해 컴퓨터를 활용한 지속가능발전 모델 연구 computational sustainability[30]를 하는 과정을 배우도록 하여 컴퓨터 과학을 새롭게 바라보고 컴퓨터 과학의 진정한 가치를 느끼도록 합니다.

컴퓨터 과학은 어디에나 있습니다. 학생들이 컴퓨터 과학을 배우면서 실제로 의미 있는 변화를 이끌 수 있는 방법들을 생각하도록 돕기 위해서는 학생들이 관심 갖고 있는 분야에서 컴퓨터 과학이 어떠한 역할을 할 수 있는지를 명확히 알 수 있도록 해야 합니다.

## 🖱 학생들에게 선택권 부여

학생들에게 선택권을 주는 것은 간단한 일이라 느껴질 수 있습니다. 하지만 우리는 학생들이 진정으로 선택했는지를 반드시 확인해야 합니다. 학생들이 과제의 주제를 선택할 수 없는 경우에는 포스터와 파워포인트 둘 중에서 하나를 선택하는 것이 의미가 없습니다. 프로젝트를 완료하는 방법(예 : 사용할 도구 혹은 적용할 역량)을 제한하되 학생들이 관심있는 분야의 주제를 탐구할 수 있도록 하세요. 물론, 교사는 학생들이 어떤 주제를 선택하든지 상관없이 모든 학생이 바람직한 교육 성과를 이루도록 하는 것입니다.

컴퓨터 과학 수업에서는 학생들이 함수나 반복문 등의 기술을 사용할 수 있어야 합니다. 그러나 기술을 얼마나 숙달했는지 증명하는 방법은 학생들이 직접 선택할 수 있도록 해야 합니다.

---

30) 수학이나 컴퓨터 과학 분야의 연구 방법을 적용하여 사회, 경제 및 환경 자원을 최적화하는 연구(예시: 대량의 실시간 정보를 수집하고 의사 결정 알고리즘을 적용하여 온실 가스 배출을 최소화하되 안전하고 효율적인 운송 시스템 만들기)

# 🖱 사회적 영향

유비쿼터스 컴퓨팅의 등장은 전례 없는 사회적 영향을 미치고 있습니다. 기술은 세계를 근본적으로 변화시켰고, 사람들을 새로운 방식으로 연결하였으며, 시민들이 더욱 강력하게 세상과 소통하도록 해주었습니다.

우버Uber[31]와 에어비앤비Airbnb[32]와 같은 어플리케이션이 보여주는 소위 "공유 경제"는 사람들이 자원을 공유하고 이익을 창출할 수 있는 새로운 길을 열어주었습니다. 이와 함께 고용주와 고용인과의 관계, 정부의 규제, 사회 계약의 진화 등에 대한 많은 질문들이 제기되고 있습니다. 비트코인과 같은 암호 화폐의 등장으로 전통적인 경제를 피해서 금융 거래를 할 수 있게 되었습니다.

컴퓨터 과학 수업에서 사회적 관련성을 함께 다룰 때, 컴퓨팅의 강력함과 컴퓨팅이 가진 윤리적 함의에 대한 학생들의 시선을 열 수 있을 뿐 아니라 컴퓨팅을 그저 가볍게 생각하는 많은 학생들을 변화시킬 수 있습니다.

지난 2010년에 영국에서 개발한 앱스 포 굿Apps for Good 교육과정[33]은 학생들이 강력하고 사회적으로도 영향력 있는 어플리케이션을 만들 수 있도록 창의적 테크놀로지 과정과 창의적 워크숍 프로그램을 무료로 지원하고 있습니다. 학생들이 개발한 어플리케이션을 살펴보면 사회를 향한 학생들의 열정과 관심을 엿볼 수 있습니다. 학생들은 기술을 이용하여 변화

---

31) 자사 소속의 차량이나 우버에 등록된 차량을 승객과 중계하여 승객이 낸 요금의 일부를 수수료로 가져가는 차량 공유 서비스입니다. 최근에는 자전거 및 스쿠터, 음식 배달, 화물운송, 항공 딜리버리 등의 공유 서비스도 지원하고 있습니다.

32) 자사에 등록된 숙박업소나 개인이 등록한 집, 별장 등을 게스트와 중계하여 서비스 요금의 일부를 수수료로 가져가는 숙박 공유 서비스입니다. 최근에는 문화체험이나 어드벤처 프로그램 등의 공유 서비스도 지원하고 있습니다.

33) 학교와 가정에서 무료로 활용할 수 있는 교육과정으로 앱 개발, 사물 인터넷, 기계학습에 대해 배울 수 있습니다.
※ Apps for Good 전체 교육과정 : https://www.appsforgood.org/courses

를 만들 수 있는 기회가 주어지자 슬픔을 겪는 사람을 돕는 앱, 어려움을 겪는 노인들에게 긴급 지원을 제공하는 앱, 청소년들의 정치 참여를 독려하는 앱 등 다양한 앱들을 개발했습니다.

학생들에게 세상을 변화시킬 수 있는 기회를 주세요. 그리고 학생들이 직접 세상을 변화시키는 모습을 상상해 보세요!

## 청중과 관계자

여러분은 학생들에게 얼마나 자주 교실 밖 사람들과 교류하는 기회를 주나요? 학생들이 수업 시간에 만든 결과물이 단지 학교 과제로 그치는 것이 아니라 실제로 쓰임새 있다고 생각하나요?

학생들의 활동과 관련 있는 사람들(이해 관계자)을 찾아 수업에 초대하세요. 여러분의 수업에 초대받기를 기다리는 기업인들이 얼마나 많은지 알게 된다면 분명 놀랄 겁니다. 컴퓨터 과학 교육을 지원하고 싶지만 방법을 모르는 사람들도 있을 겁니다.

학생들의 활동과 관련 있을 수 있는 지역 사회의 구성원들에게 연락하는 것을 것을 두려워 마세요. 어쩌면 여러분의 바로 옆에 있을지도 모릅니다.

이러한 방법은 학생들이 자신의 활동에 대한 가치를 생각해 보는 데 도움이 될 뿐만 아니라 여러분의 교실에서 벌어지고 있는 위대한 일들을 세상에 알리는 기회가 될 수 있습니다.

# 적절한 도구
# 선택하기

여러분이 수업에서 코딩을 가르치고 싶다면, 과연 사용 가능한 많은 코딩 도구들 중에서 어떤 것을 선택해야 할까요? 중학교에서 컴퓨터 과학을 가르치기 위한 "가장 좋은" 도구는 무엇일까요? "실" 세계에서 사용되는 언어를 선택하는 것이 얼마나 중요할까요? 당신이 C++ 로 코딩하지 않는다고 해서 누군가가 당신이 실제로 코딩하지 않는다고 말할 수 있을까요?

컴퓨터 과학을 가르치기 위한 도구를 선택할 때 수많은 질문들을 하게 됩니다. 하지만 이에 대한 대답은 사람들마다 다르며, 이 질문에 대해 독단적인 대답을 하는 사람도 많습니다. 우리가 생활 속에서 사용하는 언어 중에서 "가장 좋은" 것이 없듯이 컴퓨터 과학이나 프로그래밍을 가르치는 데 "가장 좋은" 도구는 존재하지 않습니다.

각각의 도구들은 서로 다른 목표와 우선순위, 장단점과 기대 사항에 대한 균형을 갖고 있습니다. 각 학교나 교실마다, 교수법 혹은 사용하고자 하는 응용 프로그램에 따라 어디에 중점을 두는지가 달라질 수 있기 때문에 "가장 좋은" 도구가 없듯이 "가장 나쁜" 도구도 없습니다.

어떤 도구를 선택하는지에 따라 일을 더 쉽게 또는 어렵게 처리할 수 있지만, 잘못된 도구를 선택한다고 해서 세상이 끝나는 것은 아닙니다. 컴퓨터 과학에서는 실패를 겪는 것 역시 과정 중 일부입니다. 실패에서 성공만큼이나 많은 것을 배울 수 있습니다. 이러한 점들을 염두하고 이 커다란 질문들은 잠시 뒤로 미룹시다. 우리가 사용하고 싶은 도구나 중학생을 위한 도구를 알아보기 전에, 먼저 도구의 의미부터 명확하게 하는 것이 좋습니다.

## 🖱 도구란?

이 책에서 도구tool란, 프로그래밍 언어, 프로그램 환경, 특정 유형의 프로그래밍을 쉽게 만들도록 지원하는 코드 라이브러리를 모두 포함합니다. 어떤 프로그래밍 언어는 특정 프로그래밍 환경의 맥락 안에서만 사용할 수 있으며, 일부 프로그래밍 환경에는 특정 라이브러리가 포함된 것도 있습니다. 다음 두 가지 예시를 통해 좀 더 구체적으로 살펴보겠습니다.

스크래치Scratch는 프로그래밍 언어와 환경을 따로 떼어서 생각할 수 없는 대표적인 도구입니다. 스크래치는 프로그램 작성을 위해 사용하는 명령어 블록과 코드를 만드는 환경(스프라이트 편집기, 무대, 그밖의 모든 것들)을 모두 일컫기 때문이지요.

반면에, 파이썬Python은 프로그래밍 언어입니다. 파이썬은 메모장Notepad과 같은 간단한 텍스트 편집기부터 디버깅, 라이브러리 관리, 프로그램 배포 등의 기능을 지원하는 보다 강력한 환경에 이르기까지 다양한 환경에서 프로그래밍할 수 있습니다. 따라서 도구라는 표현이 스크래치와 같은 올인원all-in-one 도구를 뜻하는지, 파이썬 프로그램을 하는 데 필요한 도구인지, 또는 이들의 중간을 의미하는지를 잘 살펴볼 필요가 있습니다.


## 중학교에서의 장단점

### 블록 기반 US 텍스트 기반

블록 기반 언어는 레고 블록을 조립하는 것처럼 명령어 블록을 조합하여 프로그래밍을 하는 것으로 초보자들도 쉽게 사용할 수 있습니다. 전 세계적으로 인기있는 스크래치Scratch와 구글의 블록리Blockly가 대표적인 블록 기반 언어입니다.[34]

최근에는 블록 기반 프로그래밍 언어가 컴퓨터 과학을 배우는 학습자의 개념 이해, 자기 효능감, 창의력 등에 어떤 영향을 미치는지에 대한 연구가 점점 늘어나고 있습니다.


블록 기반 언어는 초보 학습자들이 가장 많이 겪는 세 가지 문제를 해결해 줍니다.

첫 번째는 문법에 대한 어려움입니다. 프로그래밍 언어의 문법은 코드를 작성하는 방법을 정의하는 규칙이므로 반드시 알아야 합니다. 전통적인 프로그래밍 언어에서는 중괄호와 세미콜론을 언제 어떻게 사용해야 하는지가 중요했습니다. 일부 언어에서는 들여쓰기와 공백을 구분해서 사용하기도 합니다. 초보 학생들에게는 프로그래밍의 기본 논리를 배우는 것과 동시에 이러한 문법까지 배우는 것이 어렵게 느껴질 수 있습니다. 특히 프로그램의 버그bug가 논리 구조를 잘 이해하지 못한 데서 비롯된 것인지, 아니면 논리 구조는 문제가 없으나 문법 오류 때문에 비롯되었는지를 판단하는 것은 매우 어렵습니다.

그래픽 블록은 문법 요소가 포함되어 있기 때문에 문법적으로 올바른 방법으로만 블록을 조합할 수 있습니다. 학생들은 문법에 대한 걱정 없이 문제를 논리적으로 분석하고 프로그

---

34) 네이버가 개발한 엔트리(Entry, https://playentry.org), Google이 개발한 블록리(Blockly, https://developers.google.com/blockly), MIT 인공지능 연구소가 개발한 로고(Logo, https://turtleart.org) 도 많이 사용되는 블록 기반 언어입니다.

래밍하여 문제를 해결하는 데 자신감을 가질 수 있습니다.

두 번째는, 블록 기반 언어는 어린 학습자처럼 글을 읽고 쓰는 것을 어려워하거나, 타이핑이 느린 학생들에게도 도움이 됩니다. 명령어 블록으로 코딩할 때에는 텍스트를 입력하거나 철자를 고려하지 않아도 됩니다. 일반적으로 블록 기반 언어는 학생들이 코드를 읽거나 작성하는 데 도움을 주기 위해 글자 이외에도 블록의 모양과 색상으로 힌트를 줍니다.

마지막으로, 블록 기반 언어는 자체 문서화self-documenting를 지원합니다. 학생들은 사용할 수 있는 모든 명령어 블록 중에서 직접 명령어 블록을 선택하기 때문에 새로운 명령어나 기능을 쉽게 발견할 수 있습니다.

대부분의 텍스트 기반 언어도 모든 명령어가 포함된 사용 설명서에 쉽게 접근하여 사용할 수 있기 때문에 블록 기반 언어만의 특징이라고 볼 수는 없습니다. 그러나 블록 기반 언어는 텍스트 기반 언어와는 다르게 반드시 명령어 사용 설명서에서 블록을 꺼내와서 코드를 작성해야 하기 때문에 설명서의 존재를 명확하게 인식시켜 줍니다.

이러한 장점 때문에 블록 기반 언어는 초·중등 교육뿐 아니라 프로그래밍을 시작하는 많은 사람들에게 도움이 되고 있습니다. 최근 산업 현장에서 요구하는 업무가 발전함에 따라 컴퓨터 과학 경험이 없는 사람들도 업무의 일환으로 프로그래밍을 하게 되었습니다. 이러한 이유로 블록 기반 프로그래밍 도구들이 더욱 많이 사용되고 있습니다.

하지만 블록 기반 언어가 언제나 해답이 되는 것은 아닙니다. 블록 기반 언어가 프로그래밍하기는 쉽지만, 특히 고학년 학생들의 경우에는 프로그래밍 기술이 점점 더 향상될수록 블록 기반 언어가 덜 효율적이고 덜 효과적이며 "현실감"이 떨어진다고 생각합니다.

텍스트 기반 언어로 프로그래밍할 수 있는 학생들은 블록 기반 언어를 사용할 때 복사/붙여넣기, 검색 및 바꾸기 등의 텍스트 처리 기법이 텍스트 기반 언어보다 번거롭다고 느끼고, 블록 기반 언어에서는 불가능한 작업들을 많이 발견하게 됩니다.

블록 기반 도구들의 강력함과 높은 천장high-ceiling[35]에도 불구하고, 고학년 학생들은 텍스트 기반 도구들보다 덜 실감나고 덜 효과적이라 느낍니다.

초등학교에서 블록 기반 언어를 성공적으로 이미 습득한 학생들은 중학교에서 텍스트 기반 언어로 전환할 준비가 된 것이며, 스스로도 배우고 싶어 할 겁니다.[36]


## 웹 기반형 도구와 설치형 도구

웹 기반 환경에서 도구를 사용할지, 아니면 PC나 스마트 기기에 도구를 설치하여 프로그래밍할지는 배우는 방법보다는 교실의 실용성과 더욱 관련이 많습니다.

IT 담당 교사가 학생 컴퓨터에 소프트웨어를 설치해서 사용해도 좋습니다. 어떤 언어들은 여러 개의 설치 파일이 필요하기 때문에 설치 작업이 더욱 복잡해질 수 있습니다. 이러한 경우에는 별도의 설치 작업 없이도 사용할 수 있는 웹 기반 도구를 선택하는 것이 좋습니다. 그러나 인터넷 연결이 불안정한 곳에서는 웹 기반 도구를 사용하는 것이 어려울 수 있습니다.


## 언어 장단점

마지막으로, 각 프로그래밍 언어들이 가지고 있는 장단점에 대한 문제입니다. 한 가지 언어만으로는 우리가 원하는 모든 것을 할 수 없습니다(초보자는 한 가지 언어로도 충분히 가능합니다).

프로그래밍 언어를 선택하기 전에 학생들이 무엇을 하고, 무엇을 배우고, 무엇을 만들 수 있기를 바라는지를 최우선으로 생각해 보아야 합니다.

---

35) 전문가 수준까지 지원함.

36) 우리나라 2015 개정 교육과정 중학교 정보 교과서에서는 블록 기반 언어인 스크래치(Scratch)와 엔트리(Entry)를, 고등학교 정보 교과서에서는 텍스트 기반 언어인 C언어와 파이썬(python)을 사용합니다.

파이썬과 같은 언어들은 자연어 자연어 처리에 더욱 효과적입니다. 안드로이드 앱을 프로그래밍하려면 자바Java나 앱 인벤터App Inventor를 사용하는 것이 좋습니다. 대화형 웹 사이트를 개발하기 위해서는 자바스크립트JavaScript를 권장합니다.

여기서는 프로그래밍 언어들의 특징들을 모두 나열하지 않겠습니다. 다만, 어떤 언어를 선택하느냐는 여러분이 가르치는 방법뿐 아니라 학생들이 만들 수 있는 결과물에 중요한 영향을 미친다는 것을 꼭 기억하시기 바랍니다. 학생들이 무엇을 만들수 있기를 바라는지 잘 파악하는 것이 가장 적절한 언어를 선택하는 핵심입니다.

## 앱 랩App Lab을 소개합니다.

여러 가지 상황과 다양한 요구를 균형 있게 고려하기 위해 이 책에서는 앱 랩(개발 환경 및 관련 라이브러리)에서 사용하는 자바스크립트에 주목합니다. 앱 랩이 언제나 가장 완벽한 선택이 될 수는 없지만, 다양한 상황에서 프로그래밍을 할 수 있는 아주 좋은 출발점입니다.

자바스크립트는 최신 웹 브라우저에서 지원되기 때문에 별도의 소프트웨어를 설치하지 않아도 쉽게 사용할 수 있습니다.

이 책에서는 앱 랩을 사용하여 일관성을 유지하고, 한 가지 도구를 활용한 다양한 프로젝트들을 소개합니다.

컴퓨터 과학 통합수업을 모두 계획하고 난 뒤에는 다른 도구가 더 좋아보일 수도 있습니다. 그러나 프로젝트의 핵심 아이디어는 다양한 도구들을 사용하여 구현할 수 있습니다.

# 🖱 블록과 텍스트 모두 가능

본래 자바스크립트는 텍스트 기반 언어지만, 앱 랩에서는 텍스트 기반의 자바스크립트를 작성할 수 있을 뿐 아니라 드래그 앤 드롭drag-and-drop 방식으로 블록들을 조합할 수 있습니다 (그림 3.1) 참고.

앱 랩은 검색 가능한 코드, 간단한 문법 사용과 같은 블록 기반 환경의 장점들을 지원하기 때문에 학생들이 어렵지 않게 프로그래밍을 할 수 있습니다. 따라서 앱 랩은 학생들이 사용할 수 있는 언어가 제각각이고 여러 다양한 이유로 블록 언어를 희망하는 중학교 수업에서 특히 유용합니다.

앱 랩을 사용하는 학생들은 블록 인터페이스와 텍스트 인터페이스 중에서 자신이 사용할 수 있는 인터페이스를 선택하거나, 각각의 인터페이스가 제공하는 장점 중에서 자신의 필요에 따라 하나의 인터페이스를 선택하여 프로그래밍할 수 있습니다.

더욱 멋진 것은 학생들이 텍스트로 프로그래밍을 할 때에도 블록 라이브러리를 사용할 수 있을 뿐 아니라 블록으로도 복잡한 문법을 작성할 수 있고 해당 코드는 즉시 텍스트로도 전환됩니다.

**[그림 3.1] 앱 랩을 사용한 블록 코딩과 텍스트 코딩**

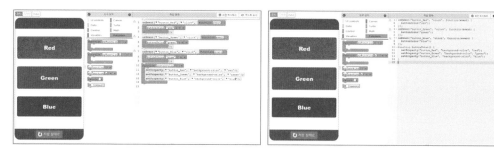

## 🖱 다양한 모습으로의 활용

앱 랩은 이름에서도 알 수 있듯이 모바일 앱 개발에 중점을 둡니다. 대체로 모바일 앱은 사용자가 구성요소를 클릭하면 프로그램이 해당 이벤트에 반응하는 양식으로 작동합니다. 하지만 앱 랩은 이러한 양식만 지원하는 것은 아닙니다.

화면 위에서 "거북이"를 움직이도록 프로그래밍 하는 로고[Logo37]와 같이 앱 랩에서도 명령어를 순차적으로 사용하여 프로그래밍할 수 있습니다.

터틀 기반 프로그래밍은 다양한 프로그래밍 환경에서 기본 라이브러리 또는 추가 라이브러리 형태로 제공되고 있으며, 모니터 화면 위에 펜을 움직이면서 그리는 인터랙티브 예술 작품을 만드는 데 사용되기도 합니다.


## 🖱 사용자 인터페이스 설계

앱 랩은 사용자 인터페이스를 빠르게 개발할 수 있는 드래그 앤 드롭 방식을 지원합니다 (그림 3.2) 참고. 인터페이스를 빠르게 프로토타이핑할 수 있기 때문에 학생들은 프로그램의 논리 구조를 개발하는 데 시간을 더욱 많이 할애할 수 있습니다.

학생들이 코드 작성의 어려움 없이 인터페이스를 개발할 수 있도록 하면, 소프트웨어 개발 과정에서 다양한 역할을 수행하고, 소프트웨어 개발과 관련된 전통적인 고정관념에서 벗어나는 데 도움이 됩니다.

---

37) 어린아이들을 위해 최초로 개발된 교육용 프로그래밍 언어로, 1967 MIT 인공지능 연구소의 시모어 페퍼트와 그의 동료들이 개발했습니다. 현재까지 수학, 언어, 음악, 로봇공학, 통신 분야의 프로젝트를 만들 수 있도록 여러 가지 버전으로 개발되었습니다.

[그림 3.2] 앱 랩의 '드래그 앤 드롭' 디자인 모드

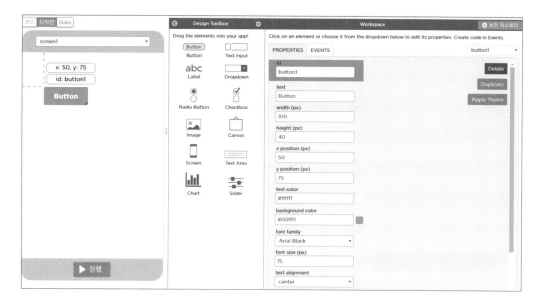

## 데이터 저장하기

이 책에서는 데이터 처리 방법에 대한 기본적인 내용만 다룹니다. 앱 랩은 데이터를 수집하고 분석하는 프로그램을 만들 수 있는 간단하지만 뛰어난 데이터베이스 백 엔드back-end 기능을 포함하고 있습니다 (그림 3.3) 참고.

데이터베이스 스키마database schema를 설계하고, 데이터베이스 서버를 실행하고, 데이터를 저장하고 검색하기 위해 프로그램 내에 있는 특정 데이터베이스에 연결하는 과정은 컴퓨터 과학을 전공하는 학생들을 위한 상당히 복잡한 프로젝트입니다.

앱 랩에 내장된 데이터베이스 도구는 이러한 과정을 단순화시켜 프로그래밍을 처음 배우는 학생들도 저장된 데이터의 힘을 활용한 프로그램을 만들 수 있습니다.

[그림 3.3] 앱 랩 데이터베이스의 백 엔드

## 앱 공유하고 출시하기

컴퓨터 과학을 가르치는 교사들은 학생들이 만든 작품을 교실 밖 사람들에게 보여주며 아이디어를 공유하고자 합니다. 학생들이 교실보다 더욱 큰 커뮤니티에서 자신의 창작물을 공유할 수 없다면 이러한 주장은 아무런 의미가 없습니다. 앱 랩에서 만든 앱은 범용 웹 기술을 사용하므로, 대체로 최신 웹 브라우저를 사용하는 모든 단말기에서 실행됩니다. 앱 랩에서 제공하는 기본 기능을 이용하면 학생들은 자신이 만든 앱을 텍스트나 이메일, 소셜 미디어로 공유하고 실제 청중들과 소통할 수 있는 잠재력을 발견할 수 있습니다.

# 🖱 다른 언어나 다른 도구로 프로젝트 만들기

앞서 언급했듯이, 앱 랩은 교실 수업에 코딩을 통합하기 위해 사용할 수 있는 도구들 중 하나일 뿐입니다. 특정 유형의 프로그래밍을 하기 위해서 또는 학생들이 원하는 도구가 있다면 더욱 적절한 도구를 선택합니다.

〈부록 C〉는 이 책에 수록된 프로젝트들을 다른 프로그래밍 언어나 도구에 적용하기 위한 아이디어를 제공합니다. 이 책의 웹 사이트(www.creativecodingbook.com)에서도 다른 언어를 사용한 예제들을 확인할 수 있습니다.

앱 랩을 사용하고 싶다면, 〈부록 B〉에서 앱 랩 실습을 위한 세팅 지침을 참고하세요.

---

**창의적 코딩으로 확장하기 : 코드로 예술작품 만들기**

이 프로젝트는 칼 라이먼Carl Lyman이 개발한 것으로, 앱 랩 코드를 사용하여 캔버스 화면 위에 그림을 그리는 활동이 포함되어 있습니다.
이 프로젝트는 그려야 할 그림을 여러 부분으로 나누고, 코드를 한 줄씩 순서대로 배치합니다.
여기서는 앱 랩의 디자인 기능을 사용하여 객체를 그리지 않고, 코드를 순차적으로 배치하기만 하면 완성할 수 있는 스타트 앱입니다.

※ 코드로 예술작품 만들기 프로젝트 : http://tiny.cc/CCCartwork

# 주요 교과에서
# 코딩하기

〈Part 2〉에서는 언어, 사회, 과학, 수학 교과 영역과 통합된
코딩 활동들을 살펴봅니다.

〈Part 2〉는 다음 내용을 소개합니다.

• 각 교과 표준standards 과의 관계 및 실세계에 응용하기
• 각 교과 영역에서 수행하는 컴퓨터 과학의 역할을 컴퓨터 없이도 소개할 수 있는
  언플러그드 활동
• 실세계에서 컴퓨터 과학과 각 교과 영역이 겹치는 부분을 강조하기 위해 개발된
  코딩 프로젝트

# 언어 교과에서
# 코딩하기

교사들이 제게 컴퓨터 과학을 범교과적으로 통합하는 것에 대해 질문을 할 때, STEM 수업에 통합하는 방법을 묻곤 합니다. 당연히 STEM에서 'T Technology'가 컴퓨터 과학에 완벽하게 어울린다고 생각할 수 있습니다. 컴퓨터 과학과 STEM의 관계는 바로 명확하게 확인할 수 있는 반면, 인문학은 컴퓨터 과학 통합을 위한 비옥한 토대를 제공합니다.

실제로 제가 코딩 수업을 처음 계획했던 것도 바로 영어 수업이었습니다. 수업에서 코딩을 처음 시도해 본 활동은 대화형 소설(1980년대에 나온 조크Zork와 같은 텍스트 기반의 어드벤처 게임이나 나만의 어드벤처 소설 등을 선택)이었습니다. 이러한 게임들은 화려한 그래픽이나 애니메이션이 등장하기 이전에 출시되었기 때문에 플레이어를 참여시키기 위해서는 창의적인 작문과 서술구조에 전적으로 의존해야 했습니다.

효과적인 언어적 형상화 기법과 비선형 서술 구조를 사용하는 글쓰기 방법은 학생들에게 새롭고 차별화된 접근방식이 되었으며, 획일적인 글쓰기 과제를 싫어하는 학생들을 참여시키는 데 도움이 되었습니다. 비선형적인 글쓰기 활동의 장점은 글을 작은 단위로 쓰고 이것을 반복하는 것입니다. 이야기가 무수한 방향으로 전개될 때 글을 처음부터 끝까지 순차적으로 쓰기가 불가능합니다. 그러므로 대화형 소설의 "결말"을 맺는 것에 대해 크게 걱정할 필요는 없습니다.

## 🖱 언어 교과에서 코딩하는 것에 대한 논의

컴퓨팅 파워가 더욱 향상되면서 개발자들이 시각적 매체를 통해 사용자들과 더 많은 의사소통을 하게 되었지만, 이러한 비선형적 서사적 글쓰기는 여전히 엔터테인먼트 개발 분야에서 중요한 역할을 하고 있습니다. 최근에 많은 비디오 게임 개발자들이 플레이어의 선택에 따라 게임이 다르게 전개되도록 비선형적 스토리라인을 구성했습니다. 어떤 영화 제작자는 시청자가 이야기의 흐름을 직접 제어할 수 있도록 인터랙티브 대화형 영화를 만들기도 합니다.

엔터테인먼트 분야 외에 언어에 의존하는 컴퓨터 과학 분야는 자연어 처리Natural Language Processing로, 인간이 사용하는 자연어와 컴퓨터 언어 사이의 상호작용을 다룹니다.

시리Siri, 알렉사Alexa, 코타나Cortana[38]와 같은 디지털 비서들이 우리 생활에 점점 더 필수적인 부분이 되고 있습니다. 마치 다른 사람과 대화하듯 컴퓨터에 말을 걸 때 키보드나 마우스, 터치스크린을 사용하여 기술과 상호 작용하는 이유는 뭘까요? 컴퓨터가 인간을 온전히 이해하고 인간과 자연스럽게 의사소통하려면 언어에 대한 깊고 직관적인 이해를 바탕으로 프로그램되어야 합니다.

---

38) 시리(Siri), 알렉사(Alexa), 코타나(Cortana) : 각각 애플, 아마존, 마이크로소프트에서 개발한 인공지능 소프트웨어입니다. 사용자의 언어를 분석하여 연결된 단말기에서 음악을 재생하거나 날씨 및 교통정보를 제공, 알람 설정, 이메일 브리핑 등 특정 동작을 실행합니다.

인간의 언어로 컴퓨터와 소통하는 아이디어는 1950년대로 거슬러 올라갑니다. 컴퓨터 과학의 선구자인 앨런 튜링Alan Turing은 컴퓨터가 지능을 갖추었는지를 판별하기 위한 튜링 테스트를 개발했습니다. 튜링 테스트를 통과하기 위해서는 인간이 텍스트로 컴퓨터와 대화를 나누는 동안 대화의 상대가 컴퓨터라는 것을 알아채지 못해야 합니다.

언어 기술에 관심이 많고 이러한 기술에 숙련된 컴퓨터 과학자들에게는 구어체를 이해하고, 동음이의어를 구별하기 위한 맥락을 이해하고, 끊임없이 진화하는 어휘에 적응하는 프로그램을 개발하는 것은 흥미로운 과제입니다. 자연어 처리기법은 기계 학습Machine Learning 과 같이 컴퓨터 과학의 최첨단 기술에 의존하는 경우가 많습니다.


개발자는 시스템에 대한 모든 규칙(예: 자연어 문법)을 정의하는 대신, 기계 학습 알고리즘을 사용하여 데이터의 패턴을 식별하고 기계가 "학습"할 수 있도록 프로그래밍합니다. 알고리즘이 점점 더 많은 데이터들을 처리할수록 사용자는 알고리즘이 패턴을 제대로 식별했는지를 확인하여 기계가 "훈련"하는 데 도움을 줍니다.

이러한 과정은 종종 전통적인 문법 규칙에서 벗어나 자연스럽고 실제적으로 반응하는 시스템을 만들어 내지만, 개발자의 편견을 반영하고 강화하는 프로그램으로 이어지기도 합니다.

예를 들어, 마이크로소프트에서 개발한 트위터 챗봇은 사용자들의 인종차별적인 언어를 흉내내어 출시된 지 얼마되지 않아 서비스가 종료되었습니다(Wakefield, 2016).

우리는 알고리즘이 공정하고 정의롭다고 생각하고 이에 더욱 의존하며 살아가고 있습니다. 하지만 알고리즘에 편견이 존재할 수 있으며 그 원인이 무엇인지를 반드시 파악할 수 있어야 합니다. 분석적 사고에 익숙한 학생들은 이런 계산적인 접근 방법을 이용한 언어 기술의 학습 과정이 도움이 됩니다. 이때 예술로 표현한 시 또는 아이디어나 감정을 표현한 글을 사용하면 좋습니다.

인간의 방식으로 시를 이해하는 컴퓨터 프로그램을 만들 수 있을까요?

일상에서 자연어에 기반한 인간-컴퓨터의 상호작용 역할이 더욱 중요해지고 있습니다. 그렇다면 언어과 수업에서 이러한 내용을 가르치기까지 얼마나 더 기다려야 할까요?

# 🖱 언플러그드 활동

※ 코드닷오알지의 『텍스트 압축 위젯』 실습 :
https://bit.ly/3a9RAzU

※ 코드닷오알지의 『텍스트 압축』 교수학습 자료 :
https://bit.ly/33NX4iu

컴퓨팅 사고를 교실에 통합하려는 교사들에게 CS 언플러그드(www.csunplugged.org)는 아주 훌륭한 교수학습 자료입니다.[39] 이 사이트에는 직접 컴퓨터를 사용하지 않고도 다양한 컴퓨터 과학 주제를 탐구할 수 있는 오프라인 활동, 신체 활동, 교수학습 자료들이 잘 정리되어 있습니다. CS 언플러그드 활동은 컴퓨터 과학 주제를 폭넓게 다루고, 컴퓨터 과학에 대한 사전지식이 없는 학생들도 참여할 수 있으며, 컴퓨터 과학과 관련하여 다양한 경험을 했던 학생들 모두가 공평하게 경쟁할 수 있는 기회의 장이기도 합니다.

CS 언플러그드 활동 중에서 개인적으로 가장 좋아하는 활동 중 하나는 정보를 그대로 보존하면서 적은 양의 공간에 저장하는 무손실 압축을 소개하는 활동입니다. 여기서는 컴퓨터 과학 관점에서 무손실 압축이 정보를 저장하고 전송하는 원리를 모두 다룹니다. 정보를 작게 만들수록 더욱 많이 저장할 수 있고 더욱 신속하게 전달할 수 있습니다.이것은 언어로 소통하는 데 필요한 최소한의 정보를 탐구하는 흥미로운 활동이 될 수 있습니다. 학생들은 텍스트에서 반복되는 문자열, 단어 또는 어구를 찾아 다른 기호로 대체합니다. 이러한 과정을 반복하면 텍스트를 훨씬 짧은 코드로 대체할 수 있고, 저장 공간도 줄일 수 있습니다. 노래 가사나 시처럼 반복되는 표현이 많은 문장을 활용하면 더욱 재미있게 활동할 수 있습니다.

텍스트 압축 활동은 시 단원 학습을 본격적으로 시작하기 전에 가볍게 진행하거나 문장의

---

39) 코드닷오알지의 언플러그드 활동 자료실(https://code.org/curriculum/unplugged)에서도 다양한 언플러그드 자료들을 무료로 활용할 수 있습니다.

순환적 구조 및 반복 구조를 탐구할 때 적절히 활용하면 좋습니다. 학생들은 이 활동을 하면서 메시지를 전달하기 위해 필요한 정보의 양에 대해 토의합니다. 여기서 주된 쟁점은 압축된 텍스트가 본래 의미를 잃는지에 대한 여부입니다. 텍스트 압축 활동은 무손실 압축(압축한 이후에도 정보가 모두 복원될 수 있음) 개념을 탐구하는 것이지만, mp3 음악과 같이 정보의 일부를 손실하고서 압축하는 역량도 많이 있습니다.

그렇다면, 본래 의미를 잃지 않고 정보를 압축하려면 손실을 어느정도까지 허용해야 할까요?

[그림 4-1] 텍스트 압축 위젯

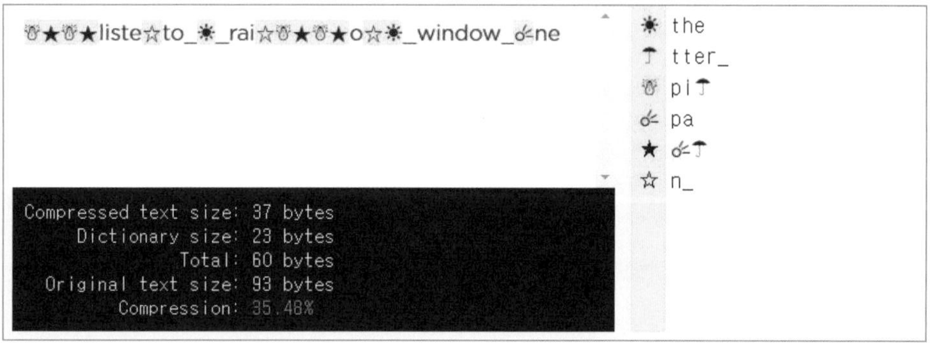

```
☼★☼★liste☆to_☀_rai☆☼★☼★o☆☀_window_✌ne        ☀ the
                                                 ↑ tter_
                                                 ☼ pi↑
                                                 ✌ pa
Compressed text size: 37 bytes                   ★ ✌↑
      Dictionary size: 23 bytes                  ☆ n_
              Total: 60 bytes
 Original text size: 93 bytes
       Compression: 35.48%
```

※ 텍스트 압축 언플러그드 활동 :

https://bit.ly/2XNWpd3

※ 한국어 버전 :

https://bit.ly/33P1g1t

# 튜링 테스트

튜링 테스트Turing Test는 컴퓨터 과학자인 앨런 튜링Alan Turing이 1950년대에 처음 제안한 것으로 컴퓨터와 인간의 대화를 통해 컴퓨터를 인공 지능으로 간주할 수 있는지 여부를 결정합니다. 튜링 테스트를 통과하기 위해서는 인간이 텍스트로 컴퓨터와 대화를 나누는 동안 대화의 상대가 컴퓨터라는 것을 알아채지 못해야 합니다. 인간인 감독관이 어떤 쪽이 컴퓨터인지 인간인지 판별하지 못하면 컴퓨터가 인공 지능을 갖춘 것으로 인정합니다.

CS 언플러그드의 튜링 테스트 활동에서는 두 명의 학생들이 테스트에 참여합니다. 한 명은 미리 만들어진 응답만 하는 컴퓨터 역할을 하는 반면, 다른 한 명은 자연스럽게 응답할 수 있습니다. 이 두 명의 학생은 다른 학생들에게 차례로 번갈아 가며 응답을 합니다. 단, 이 때 테스트에 참여하는 두 학생의 정체를 공개하지 않습니다. 다른 학생들은 감독관이 되어 테스트에 참여하는 두 학생에게 미리 정해진 질문을 합니다. 그리고는 두 학생들의 응답에 따라 어느 쪽이 "인간"이고 어느 쪽이 "컴퓨터"인지를 판별합니다.

언어과 수업으로 확장하기 위해서 감독관 역할을 하는 학생들에게 인간 혹은 컴퓨터로 판단한 이유에 대해 상세하고 논리적으로 표현하도록 합니다.

문장 구조에서 단서를 찾을 수 있었는가?

어휘는 어떠한가?

컴퓨터는 문법이나 구어적 표현, 혹은 은유법 사용에 서툴다고 생각하는가?

후속 활동으로는 학생들이 보다 현실적으로 반응하는 자신만의 프로그램을 생각해 보고, 이를 위한 일련의 규칙(혹은 알고리즘)을 개발하는 것도 좋습니다.

이 단계에서는 학생들이 실제 프로그램을 개발하거나 완벽한 규칙들을 구성하지는 않지만, 컴퓨터가 만드는 응답들을 더욱 자연스럽고 인간적인 느낌으로 만들기 위한 아이디어들을 생각해 낼 수 있어야 합니다.

※ 튜링 테스트 언플러그드 활동 :

https://bit.ly/3kpIGmB

※ 한국어 버전 :

https://bit.ly/3gQH2IA

> **창의적 코딩으로 확장하기 : 동사 게임**
>
> 교육 코치로 활동하는 하이디 윌리엄즈Heidi Williams는 6학년 영어교사인 카렌 넬슨 그림Karen Nelson-Grimm과 함께 동사 단원을 가르치기 위해 학생들이 전통적인 보드 게임을 만드는 대신 스크래치를 사용하여 비디오 게임을 만들도록 했습니다.
> 이 프로젝트는 스크래치 홈페이지(http://tiny.cc/CCCverbgame)에서 확인할 수 있고, 기존 코드를 수정하여 새로운 프로젝트로 리믹스할 수 있습니다.
> 프로젝트 평가 루브릭과 게임 설계 방식은 https://nofearcoding.org 에서 확인할 수 있습니다.

# 🖱 프로젝트 제목 : 대화형 소설

※ 프로젝트 자료 :

https://bit.ly/2DDuWUF

### 개요

이 프로젝트는 〈Part 4〉의 도입 부분에서 소개한 내용을 수업에 좀 더 쉽게 적용할 수 있도록 단순화한 것입니다. 학생들은 창의적 글쓰기를 시작하는 것으로 비선형 구조의 서술 기법(독자의 선택에 따라 이야기가 여러 갈래로 전개됨)을 개발할 수 있습니다.

복잡한 대화형 소설은 독자의 선택을 "기억"할 수 있지만, 여기서는 정해진 스토리가 아닌 독자의 선택에 따라 이야기를 다른 방향으로 전개하는 「내가 만드는 어드벤처 이야기」를 완성하는 것에 중점을 둡니다. 이야기의 선택적 확장에서는 독자의 선택을 추적하기 위한 변수 개념을 사용합니다.

## 소요 시간

서사적 글쓰기를 위해서는 학생들의 작문 능력에 따라 한 차시 혹은 두 차시가 필요합니다. 학생들이 이야기를 작성한 후에 1~2시간 정도 프로그램을 개발하도록 합니다. 만약 시간적 여유가 더 있다면, 학생들이 완성한 프로젝트를 공유하고 서로 플레이해 보도록 합니다.

## 목표

- 여러 개의 논리적 스레드logical thread[40]를 포함한 서술구조 만들기
- 대화형 텍스트를 탐색할 수 있는 간단한 사용자 인터페이스를 개발하기

## 용어

- **이벤트** : 소프트웨어가 인식할 수 있는 동작으로, 사용자 혹은 다른 소프트웨어에 의해 생성됨
- **이벤트 핸들러** : 특정 이벤트에 반응하는 코드
- **인터페이스 요소** : 사용자 인터페이스를 구성하는 개별 요소(예 : 버튼, 텍스트 블록, 체크박스)
- **사용자 인터페이스** : 사용자와 상호작용하는 프로그램의 일부(예 : 스크린 화면 위의 버튼)

## 교사 준비 사항

프로젝트를 본격적으로 진행하기에 앞서 가장 먼저 해야 할 일은 학생들에게 글 쓰는 상황을 만들어 주는 것입니다. 이 프로젝트의 핵심은 창의적으로 글쓰는 활동이며, 매력적인

---

40) 컴퓨터 프로그램을 실행할 때 프로세스 내부에 존재하는 수행경로를 뜻합니다. 여기서는 이야기를 다양한 방향으로 전개할 수 있는 분기점을 논리적으로 구성하는 것이 중요합니다.

창의적 글쓰기 아이디어Creative Writing Prompt⁴¹에 따라 이야기가 전개됩니다. 즉, 이 프로젝트는 논픽션을 탐구할 때에도 효과적인 도구가 됩니다. 아이디어를 선택할 때 독자가 어떠한 역할을 수행할 것인지를 고려하세요. 이 프로젝트를 효과적으로 진행하기 위해서는 독자가 이야기의 흐름을 탐색할 수 있도록 아이디어를 적절히 사용해야 합니다.

다음 내용을 참고하여 아이디어를 개발해 보세요.

- **2인칭 서술** : 전형적인 대화형 소설 형태입니다. 학생들은 2인칭 시점(독자를 "당신"이라 부름)으로 글을 쓰고, 주인공인 독자가 선택하는 내용에 따라 이야기가 달라집니다.

- **2인칭 토론** : 2인칭 서술과 비슷하지만 이야기 속 등장인물이 다른 인물과 토론하는 것에 더욱 중점을 둡니다. 학생들은 양쪽 입장을 철저히 고려해야 하고, 독자가 아이디어에서 선택할 수 있도록 효과적/비효과적인 선택 사항을 모두 작성해야 합니다. 따라서 이러한 글쓰기 방식은 학생들에게 매우 어려운 과제가 될 수 있습니다.

- **3인칭 서술** : 2인칭 서술보다는 덜 일반적인 서술방식이지만, 3인칭 서술 역시 효과적인 접근 방식입니다. 여기서는 독자가 전능한 관찰자로서 특정 등장인물 또는 이야기에 등장하는 모든 등장인물들을 대신하여 선택합니다.

- **위치 탐색** : 학생들이 논픽션 설명적 글쓰기를 탐구하도록 하는 경우에 효과적입니다. 독자의 역할은 이야기의 어느 부분을 보고 싶은지 선택하는 것입니다. 비선형 글쓰기보다는 시각적 묘사와 효과적인 전환법에 더욱 중점을 둡니다.

---

41) 글쓰기 아이디어가 잘 떠오르지 않을 때 활용할 수 있는 한 단어, 문장, 대화, 그림 등을 의미합니다.

## 준비활동

「내가 만드는 어드벤처 이야기」 책과 간단한 대화형 게임(예 : Lost Pig 게임 (http://pr-if.org/play/lostpig)을 찾아 학생들에게 소개하세요. 학생들이 책이나 게임이 제시하는 선택 사항 중에서 원하는 것을 선택하여 이야기를 완성하도록 하세요. 학생들이 매체에 익숙해지면 다음 내용들을 함께 논의해 봅니다.

- 일반적인 책을 읽을 때와 대화형 책을 읽을 때 무엇이 다른가?
- 작가가 일반적 글쓰기를 할 때와 대화형 글쓰기를 할 때 무엇이 다른가?
- 대화형 스토리 텔링의 장단점은 무엇인가?
- 독자가 이야기의 결말을 다르게 할 수 있다면, 이것이 메시지 혹은 관점을 전달하는 작가의 능력에 어떠한 영향을 미치는가?

## 개요 작성하기

교사가 선택한 아이디어를 학생들에게 제시하고 모둠별로 앉아 다양한 잠재적 접근방법들을 브레인스토밍하도록 시간을 줍니다. 칠판에 브레인스토밍한 내용들을 기록합니다. 아이디어에서 응답할 수 있는 아이디어 목록을 만들고 나면, 학생들은 이야기의 개요를 작성할 수 있습니다. 학생들이 이 프로젝트가 프로그래밍하는 활동이라는 것을 처음부터 알고 있을 경우에는 당장 컴퓨터로 달려가고 싶을 겁니다. 하지만 그래서는 안됩니다! 훌륭한 소프트웨어 개발자들은 프로그래밍을 시작하기 전에 반드시 준비를 합니다.

매력적인 대화형 소설을 만드는 과정에서 가장 어려운 부분은 코딩이 아니라 '글쓰기'입니다. 학생들은 어떻게 프로그래밍을 할지 고민하기 전에 모든 가능성을 고려하여 첫 번째 초안을 작성해야 합니다.

이 책의 웹 사이트(https://bit.ly/Interactive-Fiction-Planning)에는 학생들이 개요를 작성하는 데 활용할 수 있는 워크시트가 있습니다.

워크시트는 "비트beat[42]"와 "선택choices"으로 구성되었습니다. 각 비트는 이야기의 작은 단위이며, 비트의 마지막 부분에서 독자가 선택을 합니다. 각 선택은 또 다른 비트로 이어 집니다. 워크시트 한 장에는 두 개의 비트를 작성하도록 되어 있습니다. 학생들은 워크시트를 작성하면서 이야기를 효과적으로 재구성하기 위한 아이디어들을 떠올립니다 (그림 4.2) 참고.

[그림 4.2] 서술적 글쓰기의 개요 작성 예시

| Beat # 1  요약 : 주인공 소개 |
|---|
| 당신은 청새가 지저귀는 소리에 허름한 오두막에서 잠을 깹니다. 이미 해가 높이 떠 있는 것을 보아 하니 출근이 늦어버렸군요. 당신은 바닥에 널부러져 있던 옷더미에서 가장 깨끗해 보이는 양모 셔츠와 전날 묻은 돔밥이 그대로 붙어있는 청바지를 찾아 서둘러 걸쳐 입습니다. 출근하기에는 이미 늦은 시간이지만 당신에게는 진정 카페인이 필요합니다. |

| Choice #1 | Choice #2 | Choice #3 |
|---|---|---|
| 출근은 늦어도 된다. 커피를 끓인다. | 사장님은 내가 한 번 더 늦으면 해고할 거라고 말했다. 더 빨리 서둘러야 한다. | 커피 가루를 씹으며 집을 나선다. |
| Beat #2로 이동 | Beat #3로 이동 | Beat #4로 이동 |

다음으로, 학생들이 작성한 워크시트를 사용하여 이야기 구조를 스케치하도록 합니다. 학생들은 이야기가 전개될 수 있는 다양한 경로들을 고려해야 합니다. 교실에 여유 공간이 있다면 크로크보드와 핀, 끈 등을 사용하는 것이 좋습니다 (그림 4.3) 참고.

---

42) 인물이 어떠한 사건에 대해 보이는 행동 또는 반응을 뜻하는 이야기의 최소 단위

[그림 4.3] 크로크 보드 위에 스토리를 펼쳐보는 것이 좋습니다.

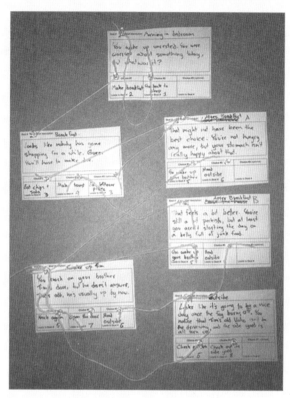

우선, 크로크 보드 위에 워크시트들을 핀으로 고정하고 끈으로 연결합니다. 학생들이 소설을 만드는 과정에서 이야기의 흐름을 창의적으로 생각할 수 있도록 격려하세요.

다시 되돌아 오는 비트가 있는지, 이야기 구조가 반복되지는 않는지, 여러 개의 비트에서 똑같은 비트로 이어지는 것이 있나요? 학생들이 이러한 글쓰기 기법을 효과적으로 활용하는 방법을 찾을 수 있도록 격려하세요.

## 스토리 코딩하기

학생들이 개요를 작성하고 나면 독자들이 자신이 만든 이야기와 상호작용할 수 있도록 앱 랩App Lab으로 앱을 개발합니다. 앱 랩에서는 이야기를 구성하는 각 비트마다 제목과 텍스트, 선택을 위한 버튼이 포함된 "화면"을 만듭니다 (그림 4.4) 참고.

**[그림 4.4] 앱 랩에서 화면 만들기**

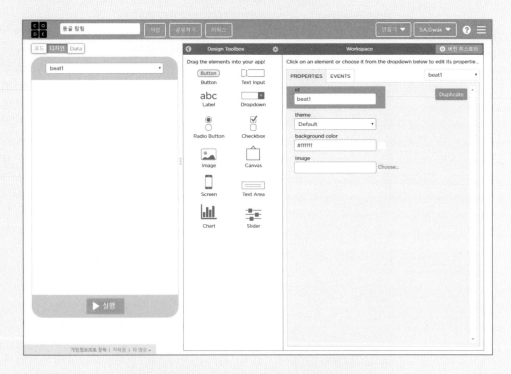

**[그림 4.5] 디자인 모드에서 텍스트 입력하기**

컴퓨터 과학의 핵심은 앱을 구성하는 각 요소와 화면을 식별할 수 있는 고유한 이름을 만드는 것입니다. 앱 랩에서는 이러한 이름 혹은 ID를 자동으로 생성해 주지만, 콘텐츠의 내용이나 의도를 반영한 것은 아니기 때문에 그리 유용하지는 않습니다.

소프트웨어를 개발할 때에는 향후에 자신뿐 아니라 다른 사람들도 본래 의도를 파악할 수 있도록 ID의 이름을 신중하고 체계적으로 만들어야 합니다. 예를 들면, 학생들은 비트 번호를 사용하여 모든 요소에 고유하고 의미 있는 ID를 부여할 수 있습니다.

화면 ID를 "beat1"이라 정의하고 이 화면에 포함된 요소들은 "beat1" + a 형식으로 작성합니다(ID 작성예시 : beat1_title, beat1_text, beat1_beat2_button). 버튼 ID를 정의할 때는 해당 버튼이 포함된 화면의 ID 뿐만 아니라 버튼을 클릭했을 때 연결되어야 하는 화면의 ID를 함께 작성합니다.


## 〈디자인 모드 소개〉


디자인 모드는 디자인 도구 상자에서 원하는 요소를 앱 화면 위로 끌어오는 방식으로 사용자 인터페이스를 만듭니다 (그림 4.6) 참고.

앱 랩에서 사용할 수 있는 요소들은 매우 다양하지만 여기서는 텍스트를 화면에 표시하는 "라벨label"과 선택을 위한 "버튼button" 이 두 가지만 사용하면 됩니다.

작업 영역에서는 텍스트를 비롯한 각 요소들은 X와 Y값을 입력하여 위치를 지정하거나 폰트 사이즈, 색상 등 세부 속성 값을 설정할 수 있습니다. 학생들은 앱 화면을 만들면서 이야기의 분위기를 살리기 위해 시각적 요소(색상, 이미지 삽입 등)들을 사용합니다.

[그림 4.6] 디자인 모드에서 버튼 추가하기

### 〈대화형 프로그램 만들기〉

앱 화면에서 대화형 스토리를 구현하기 위해서는 화면과 버튼을 서로 연결하는 코드를 작성해야 합니다. 여기서는 다음 두 가지 명령어를 사용합니다.

- **onEvent**: 이벤트 핸들러를 설정하여 특정 상호작용을 관찰하고 이에 반응합니다. 이러한 이벤트 개념을 사용하면 사용자가 무언가 하기를 기다리는 프로그램을 대부분 작성할 수 있습니다. 〈그림 4.7〉에서 onEvent 명령어 블록을 좀 더 자세히 살펴볼 수 있습니다.

[그림 4.7] onEvent 명령어 코드 블록

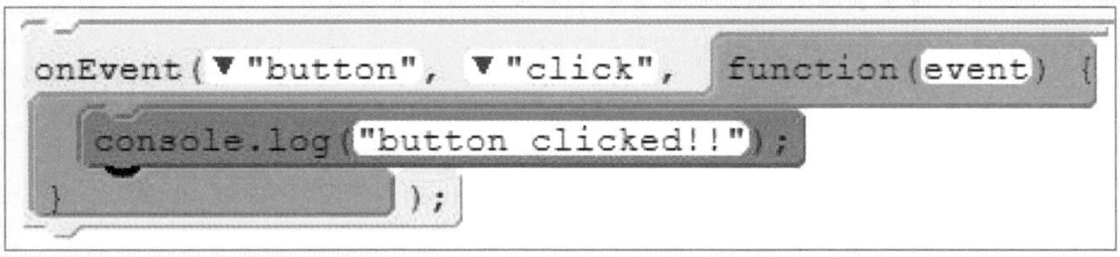

```
onEvent ( ▼ "button", ▼ "click", function (event) {
    console.log("button clicked!!");
}                           );
```

• **setScreen**: onEvent 명령어보다 훨씬 더 간단합니다. setScreen 명령어에는 전환하고자 하는 화면의 이름만 입력하면 됩니다. 예를 들어, setScreen("beat2")과 같이 코드를 작성하면 화면이 "beat2"로 전환됩니다. 각 버튼을 클릭할 때마다 반응하도록 onEvent 블록을 삽입하고, 그 사이에 setScreen 블록을 삽입하여 적절한 화면으로 전환합니다 (그림 4.7) 참고.

[그림 4.8] setScreen 명령어 코드 블록

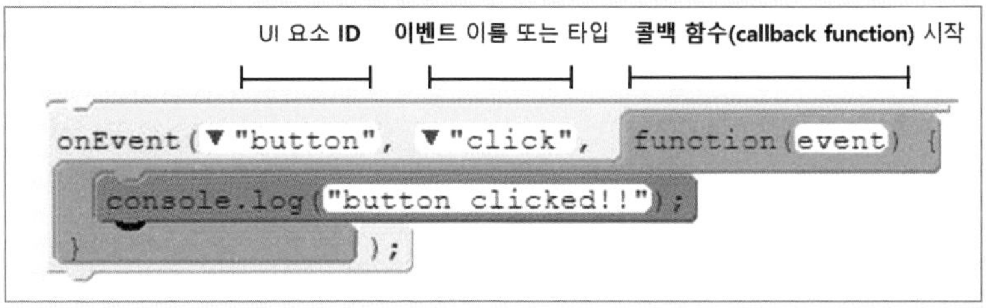

```
        UI 요소 ID    이벤트 이름 또는 타입   콜백 함수(callback function) 시작
        |_____|   |_____|   |_____|
onEvent ( ▼ "button", ▼ "click", function (event) {
    console.log("button clicked!!");
}                           );
```

## 〈스타터 코드〉

이 프로젝트를 통해 처음으로 프로그래밍을 하는 학생에게는 빈 화면에서 시작하는 것이 버거울 수 있습니다. 이 학생들에게는 프로젝트에 필요한 최소한의 스타터 코드를 소개하는 것으로 스캐폴드를 제공할 수 있습니다. 학생들을 위한 스타터 코드는 다음 세 가지 목적을 가지고 있습니다.

1. 스타터 코드는 코드를 어떻게 작동해야 하는지를 보여줍니다. 학생들은 스타터 코드에서 버튼 두 개가 예상대로 실행되는 것을 보고 이를 참고하여 본인만의 코드를 작성합니다.

2. 아직 완성되지 않은 코드를 학생들이 완성하도록 하세요. 예를 들어, "beat1_beat3_button" 이벤트 핸들러에는 실제로 화면을 변경하는 코드가 없습니다. 학생들은 아직 완성되지 않은 코드를 실제 동작하는 코드와 대조해 봄으로써 명령어가 어떤 동작을 수행하는지 추론할 수 있습니다.

3. 필요한 기능을 학생들이 스스로 코딩하도록 하세요. 예를 들어, 마지막 화면은 이전 화면들에 비해 상대적으로 요소들이 덜 채워져 있습니다. 따라서 학생들은 "beat3" 화면에서 작업할 때 스스로 버튼을 만들고 프로그래밍해야 합니다. 이후 학생들 스스로가 새로운 화면을 추가하고 프로그래밍을 이어갈 수 있어야 합니다.

**명명 규칙(Naming Conventions)**

개발자는 소프트웨어를 개발할 때 수많은 이름을 생각해내야 합니다. 하지만 이름을 만들기 위한 일관된 시스템이 없으면 프로그램을 읽거나 매우 어려워질 수 있습니다.  잘 만든 ID는 의미가 담겨 있고, 기능이나 의도를 설명해 주며, 고유한 것입니다.

스네이크 표기법(snake_case)은 각 단어를 밑줄로 구분하는 방법으로, 완성된 이름은 물결 모양의 뱀처럼 보입니다. 개발자들이 사용하는 또 다른 방법으로는 카멜 표기법(camelCase) 이 있습니다. 첫 단어를 제외한 나머지 단어들의 첫 글자를 대문자로 쓰는 방법으로, 완성된 이름은 낙타의 등에 혹이 있는 것처럼 보입니다.

실제로 어떤 규칙을 선택하는지는 중요하지 않지만, 명명 규칙을 사용하면 일관성을 유지하는 데 많은 도움이 됩니다!

[그림 4.9] 대화형 소설 스타터 코드

```
// 시작 페이지에서 선택할 수 있는 버튼(beat 1)
// 북쪽으로 가기
onEvent("beat_1_beat2_button", "click", function() {
  setScreen("beat2");
});
//동쪽으로 가기
onEvent("beat1_beat3_button", "click", function() {
});
// 파란색 방에서 선택할 수 있는 버튼(beat2)
// 남쪽으로 가기
onEvent("beat2_beat1_button", "click", function() {
  setScreen ("Beat1");
});
```

## 정리하기

대화형 소설 읽기 이벤트를 진행하는 것으로 이 프로젝트를 완료하세요. 다른 학생들이 완성한 이야기를 실행해 보고, 서로의 작품을 축하하는 시간을 가지세요.

다른 학생들과 서로 피드백을 주고 받을 수 있는 포럼을 진행해 보는 것도 고려해 보세요. '좋았던 점', '바라는 점', '만약에..' 이 세 가지 내용으로 피드백을 구성해 보세요.

- **좋았던 점** : 독자로서 대화형 소설을 읽으면서 좋았던 점 한 가지
- **바라는 점** : 완성된 이야기와 달리 독자가 원했던 것(건설적인 피드백을 제공하는 바람직한 방법이 됨)
- **만약에..** : 이야기를 개선시킬 수 있는 아이디어 한 가지

시간적인 여유가 있다면, 학생들이 동료 피드백을 참고하여 프로젝트를 개선할 수 있는 기회를 주세요. 학생들이 이야기를 서로 바꾸어 완성하도록 하는 것도 좋습니다.

## 확장하기

이 프로젝트는 매우 적은 코드만으로도 완성할 수 있기 때문에 컴퓨터 과학에 대한 지식이 없는 학생들에게 적합한 입문 활동입니다. 프로그래밍 경험이 있는 학생들에게는 도전적인 과제를 제시하고, 처음으로 프로그래밍을 하는 학생들에게 더 많은 프로그래밍 개념들을 소개하기 위해서는 프로젝트 활동을 확장하는 것이 필요합니다.

### 〈변수와 조건부〉

개발자는 변수를 이용하여 특정한 값에 이름을 붙일 수 있으며, 그 이후에 해당 값을 프로그램에서 재사용할 수 있습니다.

대화형 소설에서 변수는 플레이어에 대한 고유 정보(예: 플레이어의 이름)를 저장하거나 앞으로 전개될 이야기에 영향을 주는 이벤트(예: 등장인물이 어려움을 극복하기 위해 필요한 것을 선택)들을 기록하는 데 사용할 수 있습니다.

조건부conditionals는 코드에 반드시 질문을 포함해야 하며, 이 질문에 대한 답이 무엇인지에 따라 각각 다른 동작을 트리거trigger[43] 할 수 있습니다.

변수와 결합한 조건문을 사용하면 단순히 버튼을 클릭할 때보다 이야기의 흐름을 더욱 풍부하게 변화시킬 수 있습니다. 다음 예제 코드에서 변수와 조건부를 살펴보세요.

```
// 변수를 사용하여 독자가 도구를 집어들었는지 여부를 저장하기
var has_tool = false;

// 독자가 "드라이버를 가지고 주방에 가기"를 선택하면
// has_tool을 true로 설정하고 비트 4로 변경
onEvent("screwdriver_button", "click", function(event) {
  has_tool = true;
  setScreen("kitchen");
});

// 독자가 '라디오 수리하기'를 선택하면
// 우선, 드라이버가 있는지 확인하기
onEvent("fix_radio_button", "click", function(event) {
  if (has_tool) {
    setScreen("tv_fi xed");
  } else {
    setScreen("need_tool");
  }
});
```

_____

43) 특정 동작에 반응하여 자동으로 필요한 동작을 실행하는 것

## 표준 문서 참고하기

### CSTA 표준

※ 표식 : 레벨-개념-표준번호

- **2-AP-10** : 복잡한 문제를 알고리즘으로 표현하기 위해 순서도<sup>flowchart</sup>와 의사코드<sup>pseudocode</sup>를 사용한다.
- **2-AP-13** : 프로그램을 설계, 구현, 검토하기 위해 문제를 분해하고, 하위 문제들을 더욱 작은 단위로 나눈다.

### 영어 공통핵심기준

※ 표식 : 표준명-과목-영역-구분-표준번호

- CCSS.ELA-LITERACY.CCRA.W.3: 실제로 경험한 일이나 상상하여 글쓰기를 할 때, 또는 사건에 대해 서술할 때에 효과적인 기법을 사용하여 대상을 적절히 묘사하고, 사건의 순서를 체계적으로 서술한다.
- CCSS.ELA-LITERACY.CCRA.W.5: 목적에 맞게 글을 계획, 수정, 편집하거나 새로운 기법을 시도하여 글쓰기 능력을 발전시키고 강화한다.
- CCSS.ELA-LITERACY.CCRA.W.6: 인터넷을 비롯한 기술을 활용하여 글을 작성 및 게시하고, 다른 사람들과 상호작용하고 협업한다.

### ISTE 학생 표준

- **지식 구성가**<sup>Knowledge Constructor</sup> : 디지털 도구를 사용하여 다양한 정보를 비판적으로 관리함으

로써 자신과 타인을 위한 지식을 구성하고, 창의적인 산출물을 만들고, 의미 있는 학습 경험을 만든다.

- **혁신적인 디자이너**<sup>Innovative Designer</sup> : 문제를 파악하고 해결하는 과정에서 다양한 기술 technology을 활용하여 새롭거나 의미있고, 창의적인 솔루션을 만들어 낸다.
- **컴퓨팅 사고가**<sup>Computational Thinker</sup> : 문제를 이해하고 해결하기 위해 문제해결 전략을 개발하고 적용한다. 문제해결 솔루션을 개발하고 테스트하는 과정에서 기술적 방법을 적극 활용한다.
- **창의적 소통가**<sup>Creative Communicator</sup> : 목적에 맞게 플랫폼, 도구, 스타일, 형식, 디지털 미디어 등을 적절히 사용하여 다른 사람에게 자신의 의견을 명확하게 전달하고, 자신을 창의적인 방법으로 표현한다.

## 다른 교과에 적용하기

이야기 아이디어의 문맥을 변경하면 다른 교과의 프로젝트로 진행할 수 있습니다. 다음 내용을 참고하세요.

글을 쓰는 대신, 동일한 화면 연결 구조를 사용하여 가상의 예술 갤러리를 만듭니다. 다양한 양식으로 작품을 표현하고, 갤러리를 둘러볼 수 있도록 버튼을 추가하세요.

대화형 소설을 논픽션(또는 역사적 소설)으로 만듭니다. 특정 문화나 역사적 사건이 일어났던 시간대, 국가 등을 선택하여 대화형 경험을 만드세요. 텍스트에만 치중하지 말고 텍스트를 보완할 수 있는 이미지도 같이 삽입하세요.

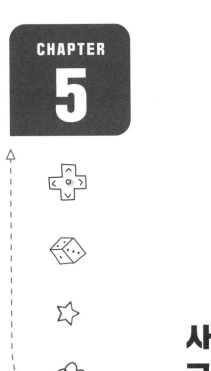

# 사회 교과에서
# 코딩하기

## 🖱 사회 교과에서 코딩하는 것에 대한 논의

사회 교과 역시 언어 교과와 마찬가지로 컴퓨터 과학과의 통합을 고려할 때, 첫 번째로 고려하는 과목은 아니지만, 간과하지는 말아야 합니다. 사회 교과가 사회, 시민권, 역사를 다루는 것이라면 문화적, 사회적 변화를 이끄는 촉매제로서 컴퓨터 과학의 역할을 과연 무시할 수 있을까요?

기술, 특히 모바일 웹이 등장하면서 기업과 산업, 사회가 서로 상호작용하고 문제를 해결하는 방식이 근본적으로 바뀌었습니다.

아랍의 봄Arab Spring44에서 트위터가 어떠한 역할을 했는지 생각해 보세요.

공공을 위한 열린 미디어가 없는 경우에는 트위터나 기타 새로운 미디어 플랫폼이 뉴스의 공백을 채우기 위해 사람들이 정부의 필터링이나 차단을 피해 서로 소통하고 외신에게도 소식을 전하는 것으로 확장될 수 있습니다. 산업 혁명이 사회 구조를 근본적으로 변화시키고 그 속에서 수많은 역할을 해온 것처럼, 디지털 혁명 역시 이미 거대한 문화적 변화를 일으키고 있습니다.

학생들이 새로운 세상을 주도하는 역할을 하려면 변화에 영향을 줄 수 있는 컴퓨터와 인터넷의 힘을 이해하고 사용할 줄 알아야 합니다. 즉, 컴퓨터 리터러시를 함양해야 합니다. 트위터처럼 사회에 큰 영향을 미치는 프로그램들은 처음부터 더 큰 의미를 갖기보다는 보다 많은 사람들이 사용하는 데 초점을 맞추었습니다.

이와는 반대로 처음부터 사회를 변화시키려는 목적을 가지고 개발된 프로그램들도 많이 있습니다. Countable(https://www.countable.us)은 미국 시민들이 정부 대표들이 중요 사안에 언제 표결하는지를 확인하고 해당 법안에 대한 지지 혹은 반대 의견을 신속하게 표명할 수 있도록 지원하는 어플리케이션입니다.

SeeClickFix(https://www.seeclickfix.com)는 벽에 낙서가 된 곳이나 도로에 움푹 패인 곳처럼 공공 인프라에 발생한 문제를 사진으로 찍어 보내면 담당 공무원에게 전달됩니다.

시민들은 이러한 앱을 통해 자신이 속한 지역 사회에서 더욱 적극적으로 활동하고 참여할 수 있으며, 이것은 시민들이 지역 사회에 참여하도록 힘을 실어주는 수많은 방법들 중 하나입니다.

---

44) 2010년 12월 북아프리카 튀니지에서 촉발된 반정부 시위운동으로 이후 아랍·중동 국가 및 북아프리카 일대로 확산되었습니다. 중앙 정부 및 기득권의 부패와 타락, 빈부의 격차, 높은 청년 실업률로 인한 대중의 분노가 커지자 시민들은 페이스북과 트위터와 같은 소셜 미디어를 이용하여 집회를 조직하고, 소통하며 저항 의식을 확산시켰습니다. 이에 많은 국가에서 소셜미디어를 혁명을 확산시키는 원동력으로 보고 정부가 직접 나서서 특정 사이트를 폐쇄하거나 인터넷 서비스를 완전히 차단하기도 했습니다.

# 🖱 언플러그드 활동

## 네트워크 프로토콜

우리는 우리가 속한 마을 단위, 시 도 단위, 정부가 어떻게 일을 처리하는지 알 수 있습니다. 그러면 인터넷은 누가 관리하고 있나요?

여러분은(물론 학생들도) 하나의 엔티티entity[45] 만으로는 인터넷을 의미있는 방식으로 제어할 수 없다는 사실에 아마 깜짝 놀랄 겁니다. 더 정확히 말하자면, 인터넷은 상호 신뢰를 바탕으로 구성됩니다. 어떠한 조직도 독자적으로 인터넷을 소유하거나 관리하지는 않습니다. 이 활동에 참여하는 모든 참가자들은 서로를 신뢰하고 모두에게 도움이 되는 방향으로 인터넷을 사용하도록 하는 공통 규약에 동의합니다. 교실 주변에서 메시지를 전달할 수 있는 네트워크를 구성하는 활동으로 이러한 거버넌스 모델을 직접 경험할 수 있습니다.

학생들이 경험한 도전적인 과제가 무엇이고, 이러한 거버넌스 모델은 오류와 실패를 어떻게 처리하며, 전통적인 사회 거버넌스와 어떻게 비교되나요?

CS 언플러그드의 돌 명판Tablets of Stone 활동은 학생들이 네트워크를 통해 정보를 전달하는 것이 어렵고, 모든 기능을 수행하기 위해서는 공동의 합의된 규칙이 얼마나 중요한지를 느낄 수 있도록 합니다. 학생들은 실제 인터넷을 반영하는 과정에서 자신이 전달하고자 하는 메시지를 작게 나누어 "패킷packets[46]"으로 만들고 다른 학생들과 함께 구성한 네트워크를 통해 최종 사용자에게 보냅니다. 비록 이 활동에서는 인터넷의 동작 원리를 가볍게 다루지만, 학생들이 인터넷 유비쿼터스의 사회적 영향, 정보 보안, 연결 신뢰성, 망 중립성 등을 두루 생각해 볼 수 있는 훌륭한 출발점입니다. 만약 네트워크의 구성원 중 한 명이 메시지를 전달하지 않기로 결정했거나 혹은 추가 요금을 지불하기 전까지는 메시지 전달을 보류할 경우에는 어떻게 해야 할까요?

---

45) 의미 있는 개념이나 정보의 단위

46) 네트워크를 통해 전송하기 쉽도록 자른 데이터의 전송단위

※ 네트워크 프로토콜 언플러그드 활동 :

https://bit.ly/30JXXH6

※ 한국어 버전 :

https://bit.ly/31w3TlW

## 정보 은닉하기

앞서 네트워크 프로토콜 활동 수업을 모두 마쳤다면, 학생들은 본래 의도했던 수신자가 아닌 다른 네트워크 구성원이 메시지를 읽지 못하도록 막을 수 있는 방법이 없다는 것을 깨닫게 될 겁니다.

지금껏 정보 보호의 필요성은 늘 강조되어 왔지만, 인터넷의 등장으로 우리는 누구나 엿볼 수 있는 네트워크를 통해 방대한 양의 정보를 보내고 있습니다. 종이로 정보를 전달하는 경우에는 종이에 써 있는 내용을 비공개로 유지해야 할 필요성이 더욱 명백해집니다. 하지만 이 모든 것이 전자 신호로 이루어진다면 보안을 고려할 필요가 낮아집니다.

컴퓨터에서는 정보를 어떻게 비밀로 유지하고 보호할까요? 만약 비밀 정보를 다른 사람에게 전달하거나, 다른 세상에 살고 있는 누군가에게 공유하고 싶다면 어떻게 해야 할까요? 여러분의 개인 정보를 낯선 사람들이 볼 수 없도록 하되 본래 의도했던 수신자가 정보를 확인하고 사용할 수 있도록 암호화 형식을 사용해야 합니다. CS 언플러그드의 비밀 공유하기 Sharing Secrets 활동에서는 학생들이 자신의 나이를 다른 사람에게 공개하지 않고 참가자들의 평균 나이를 산출해야 합니다.

[그림 5.1] CS Unplugged 비밀 공유하기 활동 예시

※ 출처 : CS 언플러그드

　학생들은 자신의 실제 나이를 밝히지 않고 참가자들의 평균 나이를 계산할 수 있도록 자신의 나이 데이터를 인코딩합니다. 이것은 여러분이 암호화된 신용카드 번호를 온라인 상점에 전송하는 것과 비슷합니다. 온라인 상점에서는 여러분이 보낸 암호화된 번호가 유효한지, 은행 계좌와 연결되었는지를 확인하지만 이때 실제 카드 번호는 필요하지 않습니다. 활동을 모두 마치고 나면, 정보 보안에 대한 정부의 역할에 대해 토의하는 것으로 자연스럽게 활동을 이어갑니다.

　일반 시민들도 사용할 수 있는 암호화의 장점들을 통제하려는 정부 사례들이 많이 있습니다. 심지어 정부가 보호된 정보 통신망에 접근하기 위해 기술 회사에 "뒷거래"를 요청하기도 합니다. 모든 사람이 개인 암호화를 사용하도록 지원하거나 정부가 범죄 예방에 도움이 될 수 있는 정보에 접근할 수 있도록 하기 위해서는 비용이 얼마나 들고, 어떠한 이점이 있을까요?

※ 정보 은닉하기 언플러그드 활동 :
https://bit.ly/3gXCQa1

※ 한국어 버전 :
https://bit.ly/31B9nfr

# 🖱 프로젝트 : 사회적 영향력을 가진 앱

※ 프로젝트 자료 : https://bit.ly/2F12k83

## 개요

본 프로젝트의 목표는 사회적 이슈를 다루는 앱의 프로토타입을 만드는 것입니다. 이 프로젝트에서는 역사적인 사회적 이슈, 다른 국가가 지닌 사회적 이슈, 지역 사회가 내포하고 있는 사회적 이슈들을 다룹니다.

학생들이 특정 상황을 선택할 때 기술을 사용하여 해결할 수 있는 다양한 사회적 이슈들이 있는지를 확인하도록 합니다. 앱을 개발하는 과정이 반복적이고, 처음에는 종이 프로토타입을 만들기 때문에 프로젝트 소요 시간과 사용할 기술을 융통성 있게 선택할 수 있습니다. 최종 프로젝트에서 코딩을 얼마나 많이 했는지 보다 특정 사회적 이슈를 해결하기 위해 앱을 설계하는 방법을 배우는 것에 더욱 중점을 둡니다.

* 참고: 여기서 소개하는 프로젝트는 대규모 프로젝트의 간소화 버전입니다. 추가 활동에 필요한 수업자료는 코드닷오알지의 컴퓨터 과학 디스커버리 코스(www.code.org/csd)에서 확인할 수 있습니다.

## 소요시간

학생들이 브레인 스토밍을 하고 사회적 이슈에 대한 답을 찾기까지 적어도 하나 이상의 전체적인 수업을 계획하세요. 종이로 프로토타입을 개발하고 테스트하는 과정은 2~3일 내에 완료할 수 있습니다. 이후 이틀 동안은 디지털 프로토타입을 개발하도록 하세요. 그런 다음 학생들이 사용자 테스트를 여러 번 거쳐 완성한 앱을 선보일 수 있도록 최대한 시간을 많이 확보하세요.

## 목표

- 사회적 이슈에 대한 기술적 해결책 제안하기
- 종이 프로토타입을 사용하여 앱 설계하고 소개하기
- 대화형 앱 프로토타입을 설계하고 테스트하기

## 용어

- **이벤트** : 소프트웨어가 인식할 수 있는 동작으로, 사용자 혹은 다른 소프트웨어에 의해 생성됨
- **이벤트 핸들러** : 특정 이벤트에 반응하는 코드
- **인터페이스 요소** : 사용자 인터페이스를 구성하는 개별 요소(예 : 버튼, 텍스트 블록, 체크박스)
- **종이 프로토타입** : 종이를 사용하여 빠르게 만든 사용자 인터페이스로, 프로그래밍하기 전에 앱을 테스트할 수 있음
- **사용자 인터페이스** : 사용자와 상호작용하는 프로그램의 일부(예 : 스크린 화면 위의 버튼)
- **사용자 테스트** : 어플리케이션 기능을 더욱 개선하기 위해 잠재적인 사용자가 해당 어플리케이션 사용 과정을 테스트하는 것

## 준비물

- 접착식 메모지
- 3x5 인덱스 카드
- 그리기 도구

## 교사 준비사항

우선, 학생들이 만들 앱 디자인 아이디어를 정의하세요. 여러분은 아마 학생들이 교과 내

용과 관련된 주제이면서 개인적으로도 관련이 있는 아이디어를 선택할 수 있도록 충분한 기회를 주고 싶을 겁니다.

스타터 아이디어는 다음 내용을 포함할 수 있습니다.

- 빅토리아 시대의 주요 사회적 요구를 해결하는 앱을 설계하시오.
- 오리건 통로Oregon Trail를 개척한 사람들의 삶을 개선시키기 위한 앱을 설계하시오.
- 시민들의 정부 참여를 향상시키기 위한 앱을 설계하시오.
- 더 나은 우리 학교를 만들기 위한 앱을 설계하시오.

교사가 프로젝트에서 중점을 두고자 하는 부분을 정하고 나면, 학생들이 본격적으로 연구를 시작하기에 앞서 몇몇 자료들을 선별해 주어야 합니다. 학생들이 연구에 얼만큼 투자하기를 원하는지 생각해 보고, 도서관 사서나 미디어 전문가와 협력하여 학생들의 연구를 지원하세요.

마지막으로, 이 프로젝트는 잠재적인 이해 관계자가 학생들이 만든 앱을 직접 테스트하고 피드백을 제공할 때 가장 효과적입니다. 교사가 주제를 얼마나 자세히 다루느냐에 따라 실제 앱을 사용하게 될 사람 혹은 주요 사용자 역할을 대신할 수 있는 사람이 테스트합니다. 어느 쪽이든, 이해 관계자를 미리 준비하면 학생들이 "실제로" 누군가와 테스트하는 기회를 가질 수 있고, 최종 프로젝트 발표식에도 청중으로 참여시킬 수 있습니다.

### 준비활동

학생들이 프로젝트를 시작하도록 영감을 주기 위해서 다른 학생들이 개발한 사회적 영향력을 가진 앱을 예시로 보여주고 공유하세요. 다음과 같이 비교적 사회에 큰 영향력을 미치고 있는 앱들을 살펴보면 여러 가지 아이디어를 얻을 수 있습니다.

- Apps for Good (https://www.appsforgood.org)

- Congressional App Challenge[47](https://www.congressionalappchallenge.us)
- Verizon Innovative Learning App Challenge[48](https://bit.ly/33RMvea)

학생들이 흥미로워할 것이라 예상되는 앱을 몇 개 선정하여 수업 시간에 공유하세요. 앱을 살펴보며 다음 내용에 대해 토의해 보세요.

- 누구를 위해 설계된 앱인가? 어떤 부류의 사람들이 앱을 사용할 수 있는가?
- 앱이 어떤 문제를 해결해 주는가?

특히, 개발자가 다른 사람들(예 : 어린 아이들)에게 도움을 주기 위해 앱을 설계했다는 점을 강조합니다. 학생들, 특히 중학생들에게는 누군가가 겪고 있는 어려움을 해결해 주는 솔루션을 개발하는 것이 공감 능력을 향상시킬 수 있는 아주 좋은 경험이 됩니다.

### 활동 : 브레인스토밍

앞서 살펴보았던 앱들처럼 여러분의 학생들도 이 프로젝트를 통해 멋지고 유용한 앱을 직접 만들 수 있다고 독려합니다. 학생들은 앱을 개발하기에 앞서 누가 어떤 도움을 필요로 하는지를 파악해야 합니다.

앱을 개발하는 데 필요한 아이디어를 얻기 위해서는 잘 구조화된 브레인스토밍 과정을 거쳐야 합니다. 이 과정은 워싱턴 대학교의 사용자 중심 설계에서 영감을 얻었습니다.

4~5명의 학생을 하나의 모둠으로 구성하고, 각 모둠별로 브레인스토밍에 사용할 접착식

---

47) 미국 하원이 주최하는 교육구 차원의 앱 챌린지로, 모든 중고등 학생들이 STEM과 컴퓨터 과학을 탐구하도록 장려하고 있습니다.

48) 미국 전역의 중학생들이 학교나 지역 사회에서 발생한 문제를 해결하기 위해 STEM 분야의 기술을 사용하여 모바일 앱을 개발하는 챌린지입니다.

메모지를 한 묶음씩 나누어 줍니다.

　교사가 선정한 아이디어를 학생들에게 공유하고, 아이디어를 해결할 수 있는 흥미로운 앱을 찾아내기 위한 브레인스토밍을 진행할 것이라고 설명합니다. 훌륭하고 명확한 아이디어를 도출하기 위해서는 큰 관점에서 시작하여 점차 좁혀가야 합니다.

### 〈이해 관계자 브레인스토밍하기〉

　브레인스토밍의 첫 번째 단계는 잠재적인 이해 관계자가 누구인지를 명확히 하는 것입니다.

　이해 관계자는 교사가 지정한 아이디어 범위 내에서 앱으로 도움을 주어야 하는 사람들입니다. 이해 관계자가 앱을 직접 사용할 수도 있지만, 앱을 사용하는 사람들로부터 도움을 얻을 수도 있습니다.

　학생들은 모둠별로 최대한 많은 잠재적 이해 관계자들을 생각해 내어 접착식 메모지 위에 작성합니다(메모지 한 장에 관계자 하나씩 작성). 교사는 학생들이 작성한 메모지를 모두 수합하여 카테고리별로 분류합니다. 다 같이 분류된 이해 관계자들을 살펴보고 이들이 아이디어와 무슨 관련이 있는지, 서로 어떠한 연관이 있는지에 대해 이야기를 나눕니다.

### 〈요구 사항 브레인스토밍하기〉

　학생들이 이해 관계자 목록을 잘 정리해야 특정 요구에 집중할 수 있습니다. 모둠별로 다음 단계에 집중할 한 명의 이해 관계자 또는 하나의 이해 관계자 그룹을 선택합니다. 가능하면 수업에서 다양한 요구 사항을 만들어 낼 수 있도록 각 모둠별로 서로 다른 이해 관계자 그룹을 선택하도록 합니다. 여기서 이해 관계자를 선택한다고 해서 반드시 이 사람을 위한 앱을 개발하는 것은 아닙니다.

　학생들에게 5~10분 정도 브레인스토밍하는 시간을 주고 다시 접착식 메모지에 아이디어를 적도록 합니다. 이때 모둠별로 선택한 이해 관계자의 요구가 무엇인지 최대한 많이 생각해 내도록 합니다. 학생들이 브레인스토밍을 할 때 이해 관계자의 입장이 되어 생각하도록 격려하세요.

학생들이 모둠별로 요구 사항을 모두 적고 나면, 메모지를 모두 취합하여 비슷한 요구사항들끼리 그룹화합니다. 그런 다음 많이 제시된 공통된 요구 사항이 무엇이고, 다양한 이해 관계자들을 포괄하는 요구 사항은 무엇인지에 대해 이야기를 나눕니다.

### 〈앱 아이디어 브레인스토밍하기〉

마지막으로, 학생들은 요구 사항에 대한 브레인스토밍 목록을 사용하여 앱 개발에 필요한 아이디어를 탐색합니다. 여기서는 앞서 했던 브레인스토밍 활동보다 시간이 조금 더 걸릴 수 있으며, 반드시 접착식 메모지에 작성할 필요는 없습니다.

모둠별로 마지막 브레인스토밍 단계에서 집중할 요구 사항을 선택하도록 합니다. 학생들이 큰 관점에서 생각하도록 격려합니다. 해결되지 않는 요구 사항을 해결하기 위해서는 기술을 어떻게 사용해야 할까요? 여기서는 요구 사항에 중점을 두지만, 학생들이 앞서 선택한 이해 관계자를 다시 확인하고 염두하도록 합니다. 앱 설계를 위한 모든 아이디어는 이해 관계자의 요구를 해결해야 합니다. 최종적으로 학생들은 자신이 만든 해결책을 시뮬레이션하기 위해 앱 프로토타입을 만듭니다. 그러나 이것이 실제로 작동할 필요는 없습니다(실제로 작동하지 않을 수도 있습니다).

브레인스토밍 활동이 모두 끝나면 모둠별로 아이디어를 발표하고 공유합니다. 구성원 모두가 마음에 드는 아이디어를 도출한 모둠은 이후 활동들 역시 같은 모둠으로 진행합니다. 그렇지 못한 경우에는 학생들이 가장 관심 있는 아이디어를 기준으로 모둠을 재구성하여 진행합니다.

## 활동 : 종이 프로토타입 만들기

소프트웨어 개발자는 새로운 아이디어를 구현하는 데 필요 이상으로 많은 시간을 투자하기 전에 이론과 가설들을 빠르게 반복하여 테스트하는 것을 선호합니다. 그중 한 가지 접근방식은 종이 프로토타입 만들기로, 앱 아이디어를 종이 위에 대략적으로 표현하는 방법입니다.

개발자들은 디자인 아이디어를 종이로 빠르게 만들어 봄으로써 가정한 내용들을 테스트하고, 결과적으로 유용하지 않을 수 있는 무언가를 프로그래밍하느라 시간을 낭비하기 전에 아이디어를 변경할 수 있습니다.

학생들은 모둠별로 3x5 인덱스 카드를 사용하여 앱 화면을 표현하면서 잘못된 가정이나 명확하지 않은 인터페이스 디자인, 또는 예상치 못했던 기능들을 찾아냅니다. 학생들이 종이로 만든 프로토타입을 앱 랩에서 효과적으로 구현하도록 하려면 앱 랩이 제공하는 사용자 인터페이스 요소들을 소개해 주어야 합니다 (그림 5.1) 참고. 그리고 나서 학생들은 앱에서 보여줄 화면들을 종이로 된 3x5 카드 위에 그려서 프로토타입을 만듭니다(카드 한 장에 고유한 화면 하나씩 그리기). 모든 화면에 대한 프로토타입을 만들고 나면, 카드 위에 그려진 화면을 손으로 클릭하여 다음 카드로 전환하는 방법으로 프로그램 "실행" 연습을 할 수 있습니다.

이처럼 수동으로 프로토타입을 테스트하는 것은 다른 사용자들과도 함께 할 수 있습니다. 다른 모둠의 학생들 또는 외부 사람들이 앱을 테스트할 때에는 무엇이 잘 작동하고 무엇이 잘 작동하지 않는지 확인하고, 사용자가 기대하는 앱 기능이 무엇인지를 꼼꼼히 확인해야 합니다.

[그림 5.2] 앱 랩 사용자 인터페이스 구성요소

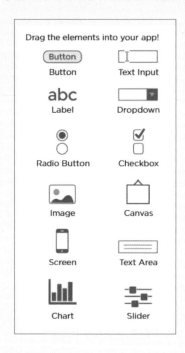

## 정리하기

이 프로젝트가 끝날 무렵, 학생들은 잠재적으로 유용하고 사회적 영향력을 가진 앱을 완성하게 될 겁니다. 학생들이 만든 앱을 실제 청중들이 참여하는 자리에서 공유할 수 있도록 기회를 만드세요.

학생들이 앱의 기능과 주요 아이디어를 짧은 시간 내에 간략히 소개하기 위해 엘리베이터 피치elevator pitch[49]를 준비하도록 합니다. 다른 반 학생들, 학부모, 혹은 잠재적 이해 관계자들이 참석한 자리에서 학생들이 미리 준비한 엘리베이터 피치와 앱 데모demo를 시연하는 것으로 "샤크 탱크Shark Tank[50]" 스타일의 프레젠테이션을 진행합니다.

---

49) 엘리베이터를 타고 올라가는 짧은 시간 내에 어떤 제품이나 서비스, 사업을 소개하는 간략한 연설을 의미합니다. 승강기를 타고 내리는 약 30초 ~ 1분 이내에 자신의 주장을 빠르고 설득력 있게 전달하는 것이 중요합니다.

## 확장하기

수많은 앱 챌린지 대회에서 사회적으로 영향력을 가진 앱에 주목하고 있습니다.

이 프로젝트를 계획하고 준비할 때부터 학생들이 만든 앱을 제출할 수 있는 지역 단위 대회나 규모가 큰 앱 챌린지 대회를 찾아보세요.

"챌린지"라는 용어에 위축되지 마세요. 대부분의 챌린지 대회는 프로그래밍에 익숙하지 않은 학생들을 참여시키기 위해 개최되고 있으며, 실제 앱을 개발하지 않고 아이디어 설계만을 평가하는 비기능적 프로토타입non functional prototypes 부문의 시상도 종종 있습니다. 특히 매년 개최되는 의회 앱 챌린지Congressional App Challenge는 사회 교과에서 만든 앱을 제출하기에 안성맞춤인 대회입니다.


## 표준 문서 참고하기

### CSTA 표준

- **2-AP-10**: 복잡한 문제를 알고리즘으로 표현하기 위해 순서도flowchart와 의사코드pseudocode를 사용한다.

- **2-AP-13**: 프로그램을 설계, 구현, 검토하기 위해 문제를 분해하고 하위 문제들을 더욱 작은 단위로 나눈다.

- **2-CS-01**: 사용자가 컴퓨팅 장치와 상호작용하는 방식에 대한 분석을 기반으로 컴퓨팅 장치 설계 개선안을 제안한다.

- **2-IC-22**: 컴퓨팅 결과물을 만들 때 크라우드 소싱crowdsourcing[51] 또는 설문을 진행하여 많은 사람들에게 도움을 구하고 그들과 함께 협력한다.

---

50) 미국의 비즈니스 리얼리티 TV 프로그램으로, 참가자들은 기업가들로부터 투자를 받기 위해 자신이 가지고 있는 좋은 아이디어나 발명품을 프레젠테이션합니다.

## 영어 공통 핵심기준

- **CCSS.ELA-LITERACY.CCRA.SL.1**: 다양한 주제의 대화에 참여하고, 다양한 배경을 가진 사람들과 협력한다. 다른 사람의 아이디어를 바탕으로 자신의 의견을 명확하고 설득력 있게 표현한다.
- **CCSS.ELA-LITERACY.CCRA.SL.2**: 시각적 정보, 양적 정보, 구두 정보 등을 비롯한 다양한 유형과 매체로 표현된 정보를 통합하고 평가한다.
- **CCSS.ELA-LITERACY.CCRA.SL.5**: 정보를 표현하고 청중들에게 프레젠테이션을 효과적으로 전달하기 위해 적절한 디지털 미디어를 선택하고 데이터의 시각적 디스플레이 기법을 전략적으로 사용한다.

## ISTE 학생 표준

- **유능한 학습가**Empowered Learner : 기술을 활용하여 학습 목표에서 제시하는 역량을 선택하고 달성하여 본인의 역량을 학습과학 차원으로 입증한다.
- **디지털 시민**Digital Citizen : 상호 연결된 디지털 세계에서 생활, 학습, 일할 수 있는 권리와 책임, 기회를 인식하고 안전하고 합법적이며 윤리적인 방식으로 행동하고 모델링한다.
- **지식 구성가**Knowledge Constructor : 디지털 도구를 사용하여 다양한 정보를 비판적으로 관리함으로써 자신과 타인을 위한 지식을 구성하고, 창의적인 산출물을 만들고, 의미 있는 학습 경험을 만든다.
- **혁신적인 디자이너**Innovative Designer : 문제를 파악하고 해결하는 과정에서 다양한 기술(technology)을 활용하여 새롭거나 의미있고, 창의적인 솔루션을 만들어 낸다.
- **컴퓨팅 사고가**Computational Thinker : 문제를 이해하고 해결하기 위해 문제해결 전략을 개발하고 적용한다. 문제해결 솔루션을 개발하고 테스트하는 과정에서 기술적 방법을 적극 활용한다.

---

51) 다른 사람들의 참신한 아이디어와 실질적인 의견을 얻는 방법 중 하나입니다.

- **창의적 소통가**Creative Communicator : 목적에 맞게 플랫폼, 도구, 스타일, 형식, 디지털 미디어 등을 적절히 사용하여 다른 사람에게 자신의 의견을 명확하게 전달하고, 자신을 창의적인 방법으로 표현한다.
- **글로벌 소통가**Global Collaborator: 디지털 도구를 사용하여 다른 사람들과 협력하고, 지역 내 혹은 전 세계 사람들과 팀을 이루어 효과적으로 작업함으로써 세상을 바라보는 시각을 더욱 넓히고, 더욱 풍부한 학습을 이끈다.

## 다른 교과에 적용하기

간단한 앱 프로토타입을 만드는 일반적인 아이디어는 거의 모든 맥락에 적용될 수 있습니다. 사실, 이 책이 소개하는 모든 프로젝트들은 이 핵심 프로젝트(사회적 영향력을 가진 앱 개발)에서 비롯되었다고 볼 수 있습니다. 따라서 여기서 소개한 앱 개발 프로세스는 다양한 교과 영역에도 매우 자연스럽게 적용할 수 있습니다.

위 프로젝트와 동일한 일반적인 개념들을 적용하되 시대적 관점이나 사회적 관점보다는 소설이나 등장인물을 통해 앱 컨셉을 이끌어 냅니다.

소설 『기억 전달자The Giver』의 세계를 더 나은 것으로 만들기 위해 설계한 앱은 어떤 모습일까요? 로미오와 줄리엣을 위한 데이트 앱은 어떻게 설계할 수 있을까요?

과학 분야에서 특정 직업을 선택하고, 이 분야의 과학자들을 도울 수 있는 앱을 설계합니다. 지질학자를 위한 보석 카탈로그를 만들거나 해양학자를 위한 고래 추적기를 만들어 보세요. 이와 같은 프로젝트는 학생들에게 과학 분야의 직업에 대한 영감을 주고, 학생들이 과학 분야의 세부 주제를 더욱 깊게 연구하는 데 도움이 됩니다.

# CHAPTER 6

# 과학 교과에서
# 코딩하기

 

통합 교육에 대한 논의가 과학 교과로 넘어갈 때, 교사와 행정가들은 컴퓨터 과학이 화학, 생물, 물리처럼 "과학"인지 묻곤 합니다. 컴퓨터 과학 명칭 안에 "과학"이 포함되어 있는 것을 고려하면 이것은 합리적인 질문입니다.

우리가 컴퓨터 과학을 지구, 생물 또는 물리와 같은 과학이라 생각한다면 교육과정 안에서 컴퓨터 과학의 위상을 찾는 시각이 달라질 수 있습니다. 미국 과학 교사 협회(National Science Teachers Association, 이하 NSTA)는 과학 교육에서 컴퓨터 과학의 역할을 설명하는 공식적인 입장문을 발표하지는 않았지만, NSTA의 상임이사인 데이빗 에반스David Evan는 NSTA 블로그에 "컴퓨터 과학은 과학 교육을 대체하는 것이 아니라 보완해야 한다"는 제목의 성명서[52]를 게시했습니다.

이 성명서는 K-12 컴퓨터 과학 프레임워크 발표, 컴퓨터 과학을 수학이나 과학 교과의 졸업 학점으로 인정하는 주states의 증가, 캘리포니아 주의 주지사인 제리 브라운Jerry Brown이 컴퓨터 과학을 모든 학년에서 가르치기 위한 법안에 서명하는 등 관련 사건들에 대한 입장 문입니다. 에반스는 이 성명서에서 컴퓨터 과학을 과학 교과로 선정하는 주가 증가함에 따라 이에 대한 영향력을 염려하고 있습니다. 특히 고등학교에서 컴퓨터 과학 교육이 전통적인 과학 교육을 대체함으로써 학생들이 손해를 보는 것에 대해 집중적으로 우려를 나타내고 있습니다.

## 과학 교과에서 코딩하는 것에 대한 논의

개인적으로는 컴퓨터 과학을 새로운 교과로 가르칠 시간이 없다는 에반스의 입장에 반대하지만 그는 우리의 목표와 관련하여 좋은 지적을 하고 있습니다. 먼저, 에반스는 차세대 과학 표준(Next Generation Science Standards, 이하 NGSS)에 컴퓨터 과학의 원칙이 포함되어 있다고 설명합니다.

컴퓨터 과학 원칙은 차세대 과학 표준에서도 찾아볼 수 있습니다. 과학과 공학 실천 내용에는 '모델을 개발하고 사용하기', '수학적 사고와 컴퓨팅 사고 사용하기'가 포함되어 있습니다.

교사는 STEM 통합 수업에서 차세대 과학 표준 원칙을 사용하여 학생들이 관심있어 할 만한 실존하는 문제, 관련이 있는 문제, 실제적인 문제들을 찾아냅니다. 그런 다음 데이터 분석, 데이터 시각화, 패턴 인식, 컴퓨테이션을 통해 컴퓨팅 사고를 적용하여 문제를 해결하도록 학생들에게 요구합니다(Evans, 2016).

에반스는 전통적인 과학으로 인정되었던 것들과 컴퓨터 과학이 공통으로 가지고 있는 부

52) Evans, D. (2016, October 17). Computer science should supplement, not supplant science education [blog].
※ 원문 보기 : https://bit.ly/348jaN5

분, 혹은 이 둘이 상호의존하고 있는 부분을 지원하기 위해서는 K-8학년에서(유치원부터 중학교까지) 컴퓨터 과학을 수학과 과학 교육과정의 맥락 안에서 가르칠 것을 제안했습니다. K-12 컴퓨터 과학 프레임워크를 개발한 연구진은 벤다이어그램을 통해 컴퓨터 과학, 수학, 과학이 공통으로 가진 부분과 통합 교육의 기회를 더욱 명확히 하려고 했습니다 (그림 6.1) 참고). 컴퓨터 과학과 수학, 과학/공학 교과 영역 간의 공통된 부분에 대한 표준 내용은 〈그림 6.1〉에서 확인할 수 있습니다.

그러나 여기서도 컴퓨터 과학이 과학인지에 대한 여부를 명확히 밝혀지지 않았습니다. 피터 데닝(Peter Denning, 2005)은 이 질문에 대해 산업 분야의 관점으로 접근했습니다. 그는 컴퓨터 과학과 과학이 서로 기술적으로 독립되었을 때 이 두 가지는 본질적으로 상호 연결되어있다고 주장했습니다. 컴퓨터 과학과 과학 커뮤니티에서 많은 사람들이 컴퓨터 과학을 차세대 과학 표준NGSS의 일급 객체first-class object[53]로 간주해야 한다고 주장하지만 실상은 조연에 그치고 있습니다.

컴퓨터 과학을 유·초·중등 교육과정에 통합하기 위해서는 컴퓨터 과학이 NGSS의 공학engineering과 비슷한 역할을 수행하는 것이 필요하다 생각합니다. 공학은 과학의 모든 영역에서 연구하기 위해 반드시 필요한 일련의 역량이자 실천practices 이며, 다른 과학 분야와 함께 가르쳐야 할 별개의 기술이자 지식입니다.

비록 NGSS는 컴퓨터 과학이 과학 교육과정을 보증해 주는 일급 객체first-class object로 간주하지 않지만, 컴퓨터 과학은 단순히 교과를 가르치는 도구 그 이상입니다. 이 책에서는 이러한 관점으로 통합 교육에 대한 접근법을 살펴볼 예정입니다.

### 주요 공통 영역

K-12 컴퓨터 과학 프레임워크의 벤 다이어그램 [그림 6.1]을 보면, 컴퓨터 과학과 NGSS가

---

53) 모든 연산이 가능한 객체를 뜻하는 것으로, 여기서는 컴퓨터 과학이 과학 교과의 모든 영역과 연결되어 과학 학습을 지원해 주는 것을 의미합니다.

공통적으로 두 가지 주제(모델링과 시뮬레이션, 데이터 분석)를 가지고 있습니다.

[그림 6.1] 컴퓨터 과학 벤 다이어그램

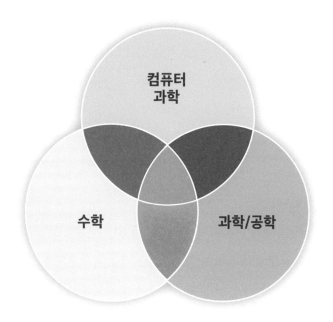

쉬나 베이디아나탄Sheena Vaidyanathan은 미국 에듀테크 미디어인 에드서지EdSurge에서 컴퓨터 과학과 과학의 공통부분을 집중적으로 다루며, 통합 교육 방법을 모색했습니다.[54] 모델링과 시뮬레이션에 관련해서는 NGSS에서 학생들이 컴퓨터 모델을 사용하여 과학적인 현상을 탐구하고 이러한 모델을 필요에 따라 수정하고 개발할 수 있어야 한다고 명시하고 있습니다.

아이린 리Irene Lee는 이러한 컴퓨터 과학과 과학의 통합 교육을 지원하기 위한 프로젝트의 일환으로 과학적 사고력 기르기(Growing Up Thinking Scientifically, 이하 GUTS) 프로그램을 개발했습니다.[55] 이후 방과 후 프로그램으로 개발되었던 GUTS 프로그램을 코드닷오알지와

54) Vaidyanathan, S. (2017, November 16). Why computer science belongs in every science teacher's classroom. EdSurge.
※ 원문보기 : https://bit.ly/31kM7lU

협업하여 수업으로 구현 가능한 모듈 단위인 "과학 속 컴퓨터 과학Computer Science in Science" 로 발전시켰습니다.[56]

학생들은 GUTS 프로젝트에서 '사용하기-수정하기-새로 만들기use-modify-create'를 따라 여러 가지 모델을 사용하여 화학 반응, 포식자와 먹이 관계, 질병 확산에 이르기까지 모든 것을 탐구합니다. 이 과정은 학생들이 기존의 계산적 모델을 이용하여 과학적 현상을 탐구하는 것으로 시작합니다.

두 번째는 앞서 세워둔 가설을 이해하기 위해 모델을 실행하는 코드를 탐색합니다. 제시된 모델을 이해하고 나면 코드를 약간 수정하여 새로운 동작을 추가하거나 가설을 더욱 간단하게 검증할 수 있습니다.

마지막으로는 학생들이 앞서 보았던 모델을 참고삼아 자신만의 모델을 직접 만듭니다.

이러한 접근법은 학생들이 경험할 수 있는 다른 과학적 모델에도 비판적으로 질문을 던질 수 있도록 합니다. 블랙박스처럼 쉽게 접근하지 못했던 모델을 필요에 따라 단순화하고 추상화해서 이해할 수 있고 수정 가능한 것으로 만들어 냅니다.

개인적으로 제가 가장 좋아하는 탐구과정 중 하나는 학생들이 주어진 모델을 사용하여 사자와 토끼 사이의 관계를 연구하는 것입니다. 학생들은 이 모델을 실행하는 코드를 분석하면서 칼로리 섭취와 이동 능력, 재생산 능력 등과 같은 모델의 정확도에 영향을 줄 수 있는 것들이 많이 누락된 것을 발견했습니다.

컴퓨터 과학과 과학의 공통부분에서 두 번째 주제인 데이터 분석은 기존 도구 및 교육과정에서 덜 다루고 있습니다. 그러나 컴퓨팅에서 데이터의 역할, 특히 "빅 데이터"가 세상을

---

55) GUTS 프로젝트 홈페이지 : https://www.projectguts.org

56) CS in Science 교육자료 : https://code.org/curriculum/science

계속하여 변화시키는 방식은 K-12 교육에서 점점 더 중요한 요소가 될 겁니다. 기존에 수동으로 진행했던 실험을 컴퓨터와 로봇이 대신 처리해 주면서 과학자들은 실험을 수행하는 것보다 실험 데이터를 분석하는 데 더욱 많은 시간을 할애하고 있습니다. 학생들도 빅 데이터에 더욱 쉽게 접근하고 데이터를 직접 다룰 수 있도록 도구를 개발함으로써 현대 과학의 실재를 교실에서 확인할 수 있는 기회가 많아질 것으로 기대합니다. 그러나 작은 데이터를 수집하고 계산적으로 분석하는 능력조차 과학 학습에서 커다란 장애물이 될 수 있습니다.

앞서 소개한 GUTS 프로젝트에서는 학생들이 스타로고 노바 버전StarLogo Nova[57]으로 시뮬레이션을 해서 얻은 데이터를 실시간으로 수집할 수 있을 뿐 아니라 그래프로 표시할 수 있습니다 (그림 6.2) 참고.

**[그림 6.2] StarLogo Nova를 이용한 질병 확산 시뮬레이션**

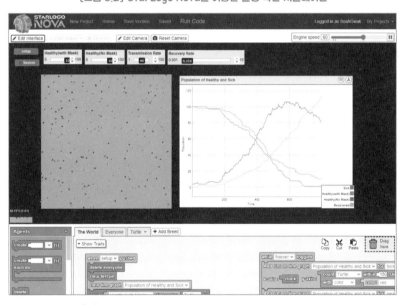

※ 출처 https://www.slnova.org/SoahGwak/projects/758069

---

57) MIT 미디어 랩(https://learn.media.mit.edu)과 MIT 쉘러 교사 교육 프로그램(https://education.mit.edu)이 공동으로 개발한 에이전트 기반 시뮬레이션 언어입니다. 1958년에 처음 개발된 리스프(LISP) 언어를 변형한 것으로 게임이론을 비롯한 생물학, 생태학, 사회학 분야의 복잡한 현상을 재현하고 예측할 수 있습니다. 노바(Nova) 버전은 2014년 여름 베타버전으로 출시되었습니다.

학생들에게 기업이나 정부, 기타 조직이 선별한 데이터 세트와 같이 실세계 데이터를 주고 활용하도록 할 수 있습니다. Awesome Public Datasets Project(https://bit.ly/2DH1xc2)에서는 콘텐츠별로 정리된 수백 가지의 데이터 세트를 무료로 사용할 수 있습니다.

부트스트랩의 데이터 과학 코스Bootstrap:Data Science[58]와 같은 몇몇 교육과정들은 과학, 통계, 윤리, 사회학과 통합된 컴퓨터 과학을 배울 수 있도록 새로운 도구와 기술을 개발하고 있습니다.

[표 6.1] 컴퓨터 과학과 교과 영역 간의 공통된 NGSS 표준

| 컴퓨터 과학 + 수학 | 컴퓨터 과학 + 수학 + 과학/공학 | 컴퓨터 과학 + 과학/공학 |
|---|---|---|
| **추상화 기법 개발 및 사용**<br>• M2. 추상적이고 정량적으로 추론하기<br>• M7. 구조를 찾아 활용하기<br>• M8. 반복되는 추론에서 규칙성을 찾아 표현하기<br>• CS4. 추상화 기법을 개발하고 사용하기 | **모델**<br>• S2. 모델을 개발하고 사용하기<br>• M4. 수학적 모델링하기<br>• CS4. 추상화 기법을 개발하고 사용하기<br>• CS6. 컴퓨팅 결과물을 테스트하고 개선하기 | **데이터를 가지고 소통하기**<br>• S4. 데이터를 분석 및 해석하기<br>• CS7. 컴퓨팅에 관해 의견 나누고 소통하기 |
| **협업을 위한 도구 사용**<br>• M5. 적절한 도구를 전략적으로 사용하기<br>• CS2. 컴퓨팅을 중심으로 협업하기 | **컴퓨팅 사고 사용하기**<br>• S5. 수학적 사고와 컴퓨팅 사고하기<br>• CS3. 계산적 문제를 인식하고 정의하기<br>• CS5. 컴퓨팅 결과물 만들기 | **결과물 만들기**<br>• S3. 연구를 계획하고 실행하기<br>• S6. 설명을 구성하고 솔루션 설계하기<br>• CS4. 추상화 기법을 개발하고 사용하기<br>• CS5. 컴퓨팅 결과물 만들기<br>• CS6. 컴퓨팅 결과물을 테스트하고 개선하기 |

---

58) 부트스트랩은 미국 6-12학년을 위한 대수학, 물리, 데이터 과학에 통합된 컴퓨터 과학 교육과정입니다.
※ 부트스트랩 전체 코스 : https://bit.ly/Bootstrap-Full-Course

| 컴퓨터 과학 + 수학 | 컴퓨터 과학 + 수학 + 과학/공학 | 컴퓨터 과학 + 과학/공학 |
|---|---|---|
| **정확하게 의사소통하기**<br>• M6. 정확성에 주의하기<br>• CS7. 컴퓨팅에 관해 의견 나누고 소통하기 | **문제 정의하기**<br>• S1. 질문하고 문제를 정의하기<br>• M1. 문제를 이해하고 끈기 있게 해결하기<br>• CS3. 계산적 문제를 인식하고 정의하기<br><br>**논리적으로 의사소통하기**<br>• S7. 타당한 증거를 기반으로 주장하기<br>• S8. 정보를 수집, 평가, 전달하기<br>• M3. 실행 가능한 주장을 구성하고 다른 사람의 추론을 비평하기<br>• CS7. 컴퓨팅에 관해 의견 나누고 소통하기 | **결과물 만들기**<br>• S3. 연구를 계획하고 실행하기<br>• S6. 설명을 구성하고 솔루션 설계하기<br>• CS4. 추상화 기법을 개발하고 사용하기<br>• CS5. 컴퓨팅 결과물 만들기<br>• CS6. 컴퓨팅 결과물을 테스트하고 개선하기 |

※ CS-컴퓨터 과학 실천, M-수학 실천, S-과학 실천

# 🖱 언플러그드 활동

### 라우팅과 교착상태Routing and Deadlock

중학교 과학 시간에는 세포 단위에서부터 행성 운동 시스템에 이르기까지 여러 가지 체계들에 대해 배웁니다. 차세대 과학 표준NGSS에서는 체계를 "모든 과학 영역에 적용"되며 "다른 과학 영역으로 이어지는 연결고리"인 관통 개념crosscutting concepts으로 정의합니다.

모든 과학 분야에서 체계를 가르치고, 학생들이 서로 다른 영역을 연결하는 데 도움이 되는 방식으로 체계를 사용하는 것이 매우 중요합니다. 그러나 믿을 수 없을 정도로 어디에나 적용되는 보편적인 체계가 있습니다. 우리가 매일, 그것도 지속적으로 참여하는 체계입니다. 이 체계는 비록 인간이 만들었지만 자연적으로 발생하는 유기적 특성을 나타냅니다. 일

반적으로 컴퓨터 네트워크, 특히 인터넷은 과학의 다른 체계를 연구하고 다시 연결하기 위한 수많은 흥미로운 행동들을 지닌 복잡한 체계입니다. 그러한 흥미로운 행동 중 하나는 경로를 한 지점에서 다른 지점으로 라우팅routing[59] 하는 것입니다.

CS 언플러그드의 오렌지 게임에서는 여러명의 학생들이 하나의 모둠으로 앉아 네트워크 상에서 정보를 전달하는 시뮬레이션을 합니다 (그림 6.3) 참고.

[그림 6.3] 오렌지 게임 활동 예시

※ 출처 : CS Unplugged

학생들이 동그랗게 둘러앉으면 주소로 사용할 알파벳 문자를 나눠줍니다.(여기서는 학생의 티셔츠 위에 해당 문자를 표시했습니다.) 교사는 앞서 나눠준 알파벳과 동일한 문자를 두 개의 오렌지 위에 적습니다. 그런 다음 학생들에게 오렌지를 두 개씩 무작위로 나눠줍니다. 이때 자신의 주소와 동일한 알파벳이 적힌 오렌지를 든 학생이 없어야 하고, 한 명의 학생은 오렌지 하나만 갖도록 합니다. 네트워크로 구성된 학생들은 자신의 주소가 적힌 오렌지가 넘어올 때까지 오렌지를 옆 사람에게 넘겨야 합니다. 한 손에는 하나의 오렌지만 들고 있을 수 있고, 바로 옆자리에 있는 학생의 한 손이 비어있는 경우에만 하나의 오렌지를 넘겨줄 수 있습

---

59) 길을 찾는 행위

니다. 이 과정에서 학생들은 자원(손)이 한정되어 있음을 알게 됩니다. 뿐만 아니라 넘겨받은 오렌지를 붙들고 욕심을 부린다면 자원이 교착상태에 빠져 더이상 다른 학생에게 오렌지를 넘길 수 없다는 것을 깨닫게 됩니다.

실제 네트워크는 기계로 구성되어 있지만, 전체 시스템이 작동하도록 하려면 개별 네트워크의 요구와 더욱 큰 네트워크의 요구 사이의 균형을 유지해야 합니다.

※ 오렌지 게임 언플러그드 활동 :
https://bit.ly/3fKK53p

※ 오렌지 게임 언플러그드 활동(한국어 버전) :
https://bit.ly/2DGx5ih

## 계통학

생물정보학bioinformatics 분야는 생물학 문제를 해결하기 위해 알고리즘과 데이터를 사용하여 생물학과 컴퓨터 과학을 결합한 학문입니다. 생물정보학이 개발한 주요 기술은 동물들의 유전자 구성이 현재까지 어떻게 진화되어 왔는지를 추적하는 진화 계보 혹은 계통수(系統樹, phylogenetic tree)를 재구성하는 것입니다. CS 언플러그드의 계통학 활동에서는 학생들이 생물정보학 기술을 사용하여 계통수를 재구성합니다. 계통학 언플러그드 활동은 고급 수학이나 고급 과학 교육과정에서 소개하는 개념들을 다루지만, 본래 열 살 미만의 학생들을 위해 개발되었기 때문에 사전 지식이 없는 학생들에게 개념을 소개하는 실습활동으로도 진행할 수 있습니다.

여기서는 유전자 구성을 나타내는 뉴클레오타이드를 대신해서 비슷한 소리를 내는 단어 목록을 사용합니다. 목록에 있는 단어들을 5~7개 조합하여 메시지를 만들고, 1번 학생부터 차례대로 메시지를 속삭여 전달하는"전화기" 게임을 합니다. 학생들은 이전 학생에게 들었던 내용을 종이에 적고 다음 학생에게 속삭여 내용은 전달한 다음 종이를 교사에게 줍니다. 이러한 방법으로 게임을 진행하는 과정에서 메시지가 어떻게 진화되었는지 기록으로 남깁니다. 학생들이 메시지를 모두 전달하고 나면 계통학으로 전화 게임의 경로를 재구성합니다.

[그림 6.4] 텔레폰 체인 예시

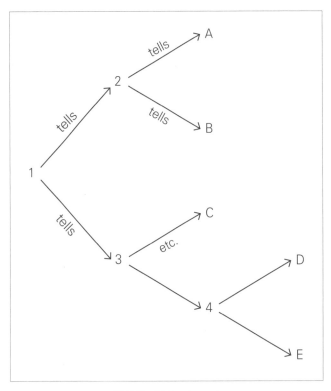

※ 출처 : CS Unplugged

※ 전화기 게임 언플러그드 활동 :

https://bit.ly/31HpZlA

# 프로젝트 : 랩 버디

※ 프로젝트 자료 :

https://bit.ly/3kUv0jA

### 개요

앱 랩App Lab으로 연구를 위한 간단한 과학 모델을 만들 수는 있지만, 모델을 개발하거나 시뮬레이션을 하기에는 효과적인 도구는 아닙니다. 여기서는 앱 랩이 지원하는 다루기 쉽고 매력적인 기능인 데이터베이스 백엔드back end를 사용하여 실제 과학자처럼 실험 데이터를 수집, 처리, 디스플레이하기 위해 프로그래밍하는 과정을 따라 해볼 수 있도록 "랩 버디Lab Buddy" 앱을 만듭니다.

학생들이 과학 실험을 통해 데이터를 수집하는 동안 모두가 동일한 앱을 사용한다는 점에서 다른 프로젝트와 조금 다릅니다. 랩 버디는 이 책에 수록된 가장 복잡한 프로그램이지만, 학생들이 프로그래밍을 많이 할 필요는 없습니다.

GUTS 프로젝트의 '사용하기-수정하기-새로 만들기'에 따라 학생들은 실험을 위해 앱에서 수정해야 할 부분을 찾아내기에 앞서 예제 앱을 탐색하고 어떻게 동작하는지 이해합니다. 만약 예제 앱에서 수정이 필요한 경우, 교사가 미리 수정을 해두거나 학생의 도움을 받아 해당 부분을 수정합니다. 이렇게 수정된 예제 앱을 사용하여 데이터를 기록하고 실험을 완료합니다.

실험이 완료되면, 데이터를 분석하기 위해 별도의 도구인 앱 랩으로 만든 앱이나 구글 시트 혹은 엑셀과 같은 스프레드시트로 데이터를 내보냅니다. 실험에서 빅 데이터 수준으로 방대한 양의 데이터를 생성하지는 않지만, 학생 한 명이 실험하여 얻는 것보다는 많은 양의 데이터를 생성할 것이 분명합니다. 그리고 실제로 빅 데이터가 생성되는 방식과 어느 정도 유사한 방식으로 데이터를 생성할 것입니다.

### 소요시간

전체 프로젝트를 진행하고자 한다면, 학생들이 첫째 날 앱 랩 실습하고, 둘째 날 실험을 하고, 그리고 하루나 이틀 정도는 데이터를 분석해야 합니다. 프로젝트를 단축해서 진행하는 경우에는 첫날에 앱 랩 실습활동을 생략하고 학생들이 공유된 앱을 사용하여 실험을 하는 동안 데이터를 수집하도록 합니다. 하지만 이 경우에는 학생들이 프로그램의 기능 또는 수정 방법에 대해 충분히 이해하지 못할 수도 있습니다.

### 목표

- 계산적 도구(computational tool)를 사용하여 데이터를 많이 수집하기
- 계산적 도구를 사용하여 많은 양의 데이터를 요약하기

### 용어

- **빅 데이터** : 계산적 분석을 통해 추세 혹은 패턴을 확인할 수 있는 매우 큰 데이터 집합
- **데이터베이스** : 프로그램에서 읽고 쓸 수 있는 구조화된 데이터 집합
- **객체** : 자바스크립트에서 객체는 여러 개의 값을 저장할 수 있는 변수

### 교사 준비사항

이 프로젝트를 효과적으로 진행하기 위해서는 데이터 수집을 위한 적절한 실험을 찾는 것

이 중요합니다. 이미 가르친 실험을 선택할 수도 있지만, 학생들이 수집해야 할 데이터 유형이 앱 랩에서도 수집하기가 쉽고, 값을 요약하여 간단히 분석할 수도 있어야 하기 때문에 세부 사항들을 꼼꼼히 따져볼 필요가 있습니다.

이 프로젝트에서는 다음과 같은 데이터를 기록하는 실험이 좋습니다(아래 사항을 모두 충족할 필요는 없음).

- 데이터를 수집할 때 시간 요소(데이터가 입력된 시간)는 포함하지 않음(여러 명의 학생들이 수집한 데이터를 요약하기가 더욱 어려워짐)
- 수집된 데이터는 뚜렷한 차이를 보이는 데이터 집합으로 쉽게 분류됨(예 : 침전물 색상이 빨강색, 파랑색, 초록색으로 분류됨)
- 데이터를 숫자 값으로 쉽게 표현할 수 있음(예 : 온도, 수소 이온 농도 지수(pH), 반응 속도)

예제 앱에서는 여러 종류의 용액에서 pH 값을 측정하는 것처럼 학생들이 여러 개의 표본에서 단일 값을 측정하는 것이 좋으며, 학생들이 여러 개의 실험값을 측정하도록 하여 프로젝트의 영향력과 난이도를 높입니다.

## 준비하기
- **아이디어** : 웹 사이트에서 특별히 '나'를 겨냥한 것처럼 보이는 광고를 본 적 있다면 손을 들어보세요. 아마 여러분이 최근에 검색한 웹 사이트이거나 즐겨 사용하는 밴드에서 그러한 광고를 보았을 겁니다.
- **토의하기** : 웹 사이트에서는 어떤 광고를 게재할지 어떻게 알아낼까요?

인터넷상에서 수행하는 모든 작업들은 사용자가 방문했던 웹 사이트, 클릭했던 광고, 인터넷에 연결했던 위치 정보 등과 같이 사용자와 관련된 데이터를 생성합니다. 컴퓨터사용자로부터 생성된 방대한 양의 데이터 집합을 빅 데이터라 하며, 기업은 사용자가 누구인지 실제로 알지 못하더라도 빅 데이터를 분석하면 사용자가 무엇을 좋아하고 무엇을 좋아하지 않는지를 예측할 수 있습니다. 과학자들 역시 인간의 유전자genome 정보를 해석하거나 외계생명체를 찾는 것처럼 매우 커다란 문제를 해결하기 위해 빅 데이터를 사용하여 대규모의 실험을 합니다.

### 활동 1 : 앱 수정하기

이번 수업에서는 모든 학생이 실험을 하지만 실험에서 수집한 데이터를 개별적으로 읽고 분석하는 것이 아니라 인터넷 환경에서 빅 데이터를 함께 모으고 결과를 분석할 것이라고 안내합니다. 이를 위해서 프로그램을 하나 만들고 모두의 실험 데이터를 한데 모을 것이라고 설명해 줍니다.

[그림 6.5] 랩 버디 스타터 코드

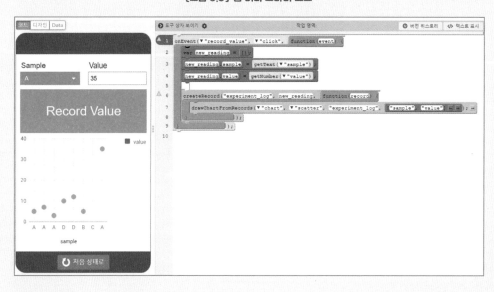

### 리믹스하기

리믹스remix는 기존 프로젝트를 가져와서 사본을 만들고, 필요한 부분을 수정하는 작업입니다. 앱 랩에서는 코드를 먼저 확인하고 [리믹스] 버튼을 클릭하면 프로젝트 사본을 만들 수 있습니다.

앱 랩에서 랩 버디 스타터 프로젝트를 리믹스하고 학생들에게 공유하세요. 그리고 학생들에게 프로그램을 탐색하는 시간을 주고 임의의 값을 입력해 보도록 하세요.

학생들이 앱을 탐색할 때 다음과 같은 질문을 던집니다.

- [Record Value] 버튼을 누르면 어떻게 되는가?
- 화면 하단의 차트는 무엇을 표시하는가?
- 어떻게 하면 차트를 보다 유용하고 의미 있게 변경할 수 있는가?

위의 질문들에 대해 학생들이 서로의 생각을 나누어 보도록 합니다.


학생들은 [Record Value] 버튼을 클릭했을 때 자신이 입력한 데이터가 차트에 추가되고, 이때 다른 출처(다른 학생)의 데이터도 함께 추가된다는 사실을 알아야 합니다. 스타터 앱의 차트가 의미가 없다고 생각되면, 다른 유형의 시각화 도구나 데이터 분류 도구, 필터링 도구를 추가하여 데이터를 보다 유용하게 만듭니다.

이제 학생들에게 프로그램을 동작시키는 코드를 보여주고 필요에 맞게 수정하도록 하려 합니다. 각 연구별로 [코드 보기] 버튼 -〉 [리믹스] 버튼을 클릭하여 프로젝트를 리믹스합니다. 일정 시간 동안 학생들이 스스로 코드를 읽도록 한 뒤 교사가 코드 내용을 천천히 짚어 줍니다.

```
onEvent("record_value", "click", function(event) {
  var new_reading = {};
  new_reading.sample = getText("sample");
  new_reading.value = getNumber("value");

  createRecord("experiment_log", new_reading, function(record) {
    drawChartFromRecords("chart", "scatter", "experiment_log", ["sample", "value"]);
  });
});
```

- **메인 onEvent()** : ID가 "record_value"인 버튼을 클릭할 때 반응함
- **변수 new_reading** : 데이터베이스에 저장할 수 있는 하나의 변수에 여러 개의 값을 수집할 수 있는 객체임

- **속성 new_reading.sample** : ID가 "sample"인 드롭다운(dropdown)에서 사용자가 선택한 텍스트를 object new_reading에 추가
- **속성 new_reading.value** : ID가 "value"인 텍스트 입력(text input)에서 사용자가 입력한 숫자를 object new_reading에 추가
- **createRecord()** : new_reading에 추가된 데이터를 "experiment_log" 데이터 테이블에 저장
- **drawChartFromRecords()** : "experiment_log" 데이터 테이블에 저장된 데이터로 산점도 그래프를 생성하는 것으로, 사용자가 새로 입력한 데이터가 저장된 이후에 실행됨

위 내용을 모두 완전히 이해할 필요는 없습니다. 이 프로그램에서 알아야 할 주요 내용은 다음과 같습니다.

- 버튼을 클릭하면 새로 입력한 데이터가 저장됨
- new_reading 객체에 새로운 속성을 만들어 새로운 값을 추가할 수 있음. 예를 들어 측정되는 온도 값을 추가하기 위해서는 new_reading.temp와 같은 코드를 작성하여 입력된 온도 값을 저장함

학생들이 예제 앱 기능을 이해하고 나면 앱을 사용하여 진행할 실험을 소개합니다.

무엇을 측정할 것이며, 앱을 사용하여 어떠한 방법으로 측정할 건가요? 교사가 앱 랩을 잘 다루는 편이라면 학생들과 함께 스타터 앱을 실험에 맞게 수정합니다. 학생들과 함께 실험을 통해 수집해야 할 데이터 목록을 만들고, 실험 데이터를 수집하는 방법을 학생들에게 보여줍니다. 교사가 미리 필요한 내용을 수정해서 학생들이 수업에서 바로 사용할 수 있도

록 맞춤형 예제 앱을 준비해도 좋습니다.

## 활동 2 : 데이터 수집

학생들은 데이터를 수집하기 위해 교사가 만든 앱을 사용하여 실험을 진행합니다. 학생들이 실험이 잘 진행하려면 교사가 만든 앱 버전을 사용하는 것이 중요합니다.

실험을 진행하기 전에 이전 데이터를 삭제해야 하는 경우에는 [Data] 탭으로 이동해서 해당 테이블 옆에 있는 [Delete] 버튼을 클릭합니다 (그림 6.6) 참고. (스타터 앱에는 "experiment_log" 데이터 테이블이 생성되어 있습니다.)

학생이 앱을 사용할 때 [Data] 탭을 열어보면, 새로운 데이터가 기록될 때마다 데이터 테이블에 새로운 행이 추가되는 것을 실시간으로 확인할 수 있습니다. 앱 화면을 교실 앞 프로젝터에 띄워 두면 학생들이 실험하면서 입력하는 데이터들이 어떻게 결합되는지를 다 같이 확인할 수 있습니다.

[그림 6.6] 데이터베이스 테이블 관리하기

## 활동 3 : 데이터 분석하기

데이터 수집을 완료하고 나면, 데이터를 어떻게 처리할 것인지 결정해야 합니다. 데이터 처리에 사용할 도구가 무엇이든 간에 교사는 수집된 데이터의 사본을 학생들에게 제공합니다. [Data] 탭에서 [Export to CSV]를 클릭하면 스프레드시트에서 앱에 기록되었던 모든 데이터를 쉼표로 구분된 일반 텍스트로 볼 수 있습니다 (표 6.2) 참고.

[표 6.2] 엑셀 스프레드시트에서 얼어본 실험 데이터

|    | A   | B      | C     |
|----|-----|--------|-------|
| 1  | id  | sample | value |
| 2  | 1   | a      | 5     |
| 3  | 2   | a      | 7     |
| 4  | 3   | A      | 3     |
| 5  | 4   | D      | 10    |
| 6  | 5   | D      | 12    |
| 7  | 6   | B      | 5     |
| 8  | 7   | C      |       |
| 9  | 8   | F      | 35    |
| 10 | 9   | G      | 55    |

## 앱 랩으로 데이터 처리하기

학생들이 일반적인 프로그래밍, 특히 앱 랩을 사용하는 것에 익숙하다면 앱 랩에서 데이터를 처리할 수 있습니다.

- 학생들이 각자 스타터 앱을 리믹스하도록 합니다.
- 리믹스 버전에서 [Data] 탭으로 이동하고 [Import CSV]를 클릭하면 교사가 제공해 준 CSV 파

일을 불러올 수 있습니다.

- drawChartFromRecords 명령어가 수정된 앱에서 정의한 열column 이름을 사용하도록 스타터 코드를 수정합니다.
- drawChartFromRecords에서 다양한 시각화 옵션을 사용합니다.

drawChartFromRecords 명령어 만으로는 흥미로운 데이터 처리 결과를 얻기가 어렵습니다. 데이터를 더욱 깊이 분석하기 위해서는 차트에 표시할 데이터를 선별해야 합니다.

### 스프레드시트 도구로 데이터 처리하기

이미 학생들에게 스프레드시트를 다루는 기술을 가르치고 있다면, 데이터를 스프레드 시트 도구로 가져와 처리하는 것이 훨씬 쉽습니다. 교사가 선택한 스프레드시트 도구에 학생들이 CSV 파일을 가져와서 실험 데이터를 요약하도록 합니다.

### 정리하기

프로젝트에서 데이터 세트를 만들 때, 여러 명이 협업하는 것이 더 나은지, 아니면 더 나쁜지, 또는 혼자서 작업할 때와 같은 결과를 얻을 수 있는지에 대해 생각해 봅시다.

### 확장하기

이 프로젝트의 성공 여부는 학생들이 코드를 작성하는 것보다 컴퓨팅 사고를 통해 데이터로 문제를 해결하는지에 대한 여부에 달려있습니다. 그러나 코딩 과정을 더욱 추가하는 것으로 프로젝트를 확장할 수도 있습니다.

이 책의 웹 사이트(http://creativecodingbook.com)에서 다양한 프로그래밍 기술을 활용하는 프로젝트들을 참고하세요.

[그림 6.7] Lab Buddy 데이터

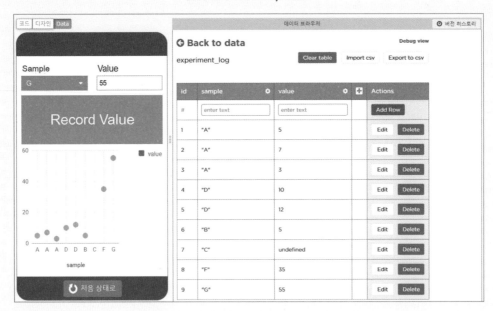

## 표준 문서 참고하기

### CSTA 표준

- **2-DA-08**: 계산적 도구를 사용하여 데이터를 수집하고 더욱 유용하고 신뢰할 수 있는 데이터로 변환한다.
- **2-AP-11**: 변수를 선언할 때 처리하고자 하는 데이터 유형을 나타낼 수 있도록 변수의 이름을 명확하게 작성하고, 변수 값을 사용해서 연산을 수행한다.

### 차세대 과학 표준

- **Practice 3**: 탐구조사 계획 및 수행하기
- **Practice 4**: 데이터 분석 및 해석하기

## ISTE 학생 표준

- **지식 구성가**(Knowledge Constructo) : 디지털 도구를 사용하여 다양한 정보를 비판적으로 관리함으로써 자신과 타인을 위한 지식을 구성하고, 창의적인 산출물을 만들고, 의미 있는 학습 경험을 만든다.

- **혁신적인 디자이너**(Innovative Designer) : 문제를 파악하고 해결하는 과정에서 다양한 기술 technology을 활용하여 새롭거나 의미있고, 창의적인 솔루션을 만들어 낸다.

- **컴퓨팅 사고가**(Computational Thinker) : 문제를 이해하고 해결하기 위해 문제해결 전략을 개발하고 적용한다. 문제해결 솔루션을 개발하고 테스트하는 과정에서 기술적 방법을 적극 활용한다.

- **창의적 소통가**(Creative Communicato) : 목적에 맞게 플랫폼, 도구, 스타일, 형식, 디지털 미디어 등을 적절히 사용하여 다른 사람에게 자신의 의견을 명확하게 전달하고, 자신을 창의적인 방법으로 표현한다.

## 다른 교과에 적용하기

랩 버디 프로젝트는 이 책에 수록된 가장 정교한 앱입니다. 따라서 적용하고자 하는 교과 영역을 변경하고자 할 때에는 프로그램의 핵심 내용은 동일하게 유지하되 수집하는 데이터 유형을 해당 교과 영역에 더욱 적합한 것으로 변경합니다.

**사회**

학교 공동체 구성원을 대상으로 간단한 설문 문항을 만드세요. 학생들은 교사가 제시해 준 앱을 사용하여 데이터를 수집하고 결과를 분석하여 학교에 대해 무엇을 알 수 있는지 살펴봅니다. 학교는 자체적으로 수집한 데이터를 기반으로 어떻게 의사 결정을 하나요?

**수학**

데이터를 스프레드시트 도구로 가져와서 데이터 값을 요약할 수 있는 여러 가지 수학적 접근방법에 대해 알아보고, 이들의 차이점은 무엇인지 탐구합니다.
스프레드시트에서 평균값mean, 중간값median, 최빈값mode의 차이점은 무엇인가요?

여러 가지 수학적 접근방법 중에서 어떤 것을 사용해야 하나요?

이러한 방법들은 데이터에 대해 무엇을 알려줄 수 있나요?

CHAPTER

7

# 수학 교과에서 코딩하기

컴퓨터 과학과 수학은 본질적으로 같습니다. 맞나요?

대학에서 최초로 개설되었던 컴퓨터 과학 프로그램 중 대다수는 수학과에서 개설하고, 현재까지 몇몇 프로그램들은 여전히 수학과에서 개설되고 있으므로 컴퓨터 과학과 수학은 매우 밀접한 관련이 있습니다. 여러분도 동의하나요? 엄밀히 말하자면, 꼭 그렇지만은 않습니다.

## 🖱 수학 교과에서 코딩하는 것에 대한 논의

프로그래밍은 복잡하고 반복적인 계산을 수행하는 강력한 도구가 될 수 있습니다. 비디오 게임 물리학, 빅 데이터 분석, 인공지능과 같은 매우 흥미로운 전문 분야를 비롯한 여러 분야의 프로그래밍에서 수학을 깊이 이해하는 것이 중요합니다.

그러나 컴퓨터 과학과 수학을 서로 혼동하지 않도록 주의해야 합니다.

미국 내 많은 주에서 컴퓨터 과학을 수학 교과의 졸업 요건으로 인정하고 있지만, 미국수학교사협의회(National Council for Teachers of Mathematics, NCTM)는 일반적으로 컴퓨터 과학이 대학과 직업을 준비하기 위해서 반드시 배워야 하는 수학을 대신할 수는 없다고 주장하면서 이러한 관행을 향해 경고했습니다. 우선, 중학교에서 배우는 수학 그 이상을 요구하지 않는 프로그래밍 유형들이 많이 있습니다.

이미 많은 학생들이 수학을 두려워하고, 컴퓨터 과학이 단지 수학을 표현하는 것에 지나지 않는다는 선입견을 갖고 있다는 점을 고려한다면, 수학을 향한 불안감 때문에 발생한 부정적인 영향들을 컴퓨터 과학을 배우는 것으로 전가시키는 것에 주의해야 합니다. 따라서 수학 수업에 코딩을 통합하기 전에 무엇을 달성하고 싶은지를 신중히 생각해 보아야 합니다.

컴퓨터 과학은 학생들이 수학 개념을 의미 있는 방법으로 적용할 수 있는 장소를 제공함으로써 수학의 추상적 세계를 실세계로 가져올 수 있습니다. 임의의 선형 함수를 그래프로 표현하는 것은 별다른 의미가 없지만, 선형 함수를 사용하여 파티에 필요한 피자를 적정량 주문할 수 있도록 도와주는 앱을 만드는 것은 수학적 개념을 실제적으로 적용하는 방법입니다. 그러므로 수학을 포기하려고 하는 학생들도 참여시킬 수 있습니다.

프로그래밍은 학생들이 수학적 창의력, 수학적 표현력, 수학의 아름다움을 보여주는 렌즈가 될 수도 있습니다.

시모어 페퍼트Seymore Papert는 이러한 관점을 지지했던 선구자들 중 한 명으로, 프로그래밍으로 수학을 가르쳤습니다. 그의 저서 마인드스톰(Mindstorms, 1980)에서는 학생들이 로고Logo 프로그래밍 언어를 사용하여 기하학을 탐구하는 마이크로월드Microworlds를 개발하는 방법을 설명했습니다. 마이크로월드는 특정한 맥락에 중점을 둔 월드로, "탐구하는 습관을 개인의 일상생활에서 공식적인 과학적 지식의 구성 영역으로 전이하는 방법을 배우기"가 가능한 공간입니다.

마인드스톰의 기하학 마이크로월드에서는 학생들이 거북이를 움직여 생각을 표현합니다.

로고 터틀Logo Turtle에서는 코드를 작성하여 2차원 세계에서 거북이를 제어하며 기하학 도형이나 패턴을 그립니다. 이러한 과정에서 학생들은 도형을 구성하는 방법을 이해하고, 전통적인 방법으로 접근하기 훨씬 전에 프랙탈이나 재귀와 같은 심화 개념들을 사용하기도 합니다 (그림 7.1) 참고.

[그림 7.1] 테라핀 로고를 사용하여 완성한 거북이 기하학
코드 작성 예시 : Repeat 44 [fd 77 lt repeat 17 [fd 66 rt 49]].

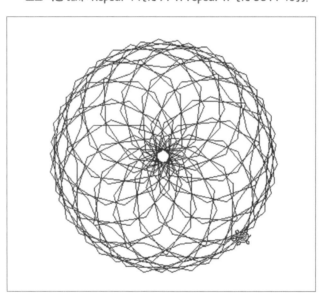

단순한 개념 노출만으로는 학생들이 개념을 일반화하는 데 충분한 도움이 되지 않습니다. 학생들이 프로그래밍 환경에서 경험한 것들을 전통적인 수학 교육과정에 연결할 수 있도록 교사가 도와주어야 합니다.

로고의 이러한 특징은 오늘날 유명한 프로그래밍 언어들로 이어지고 있습니다. 코드닷오

알지의 겨울왕국 프로그래밍 튜토리얼은 물론이고 전 세계적으로 사용되는 스크래치Scratch 와 스타로고StarLogo를 비롯하여 "거북이 그래픽"을 지원하는 프로그래밍 언어와 환경에서 로고 철학을 엿볼 수 있습니다.[60]

앱 랩에도 로고 스타일의 프로그래밍을 지원하는 터틀 명령어가 포함되어 있습니다.

[그림 7.2] 겨울왕국 프로그래밍으로 눈송이 그리기

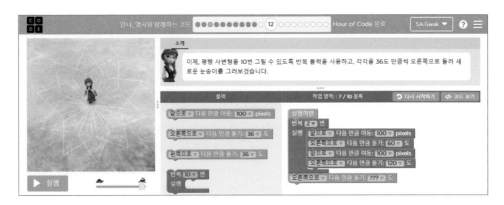

# 🖱 용어 문제

수학 교과에 프로그래밍을 통합하기 전에 우선 무엇이 서로 다른지 이해하고, 때로는 모순되기도 하는 특징들을 잘 살펴보아야 합니다. 학생들도 프로그래밍과 수학을 혼란스러워할 가능성이 높습니다. 학생들이 대수(代數, algebra)를 이해하기 시작할 때 프로그래밍을 도입하면서 주의를 기울이지 않으면 여러 가지 문제들을 초래할 수 있습니다.

---

60) 겨울왕국에 등장하는 안나, 엘사와 함께 코드를 사용하여 아이스 스케이트를 타면서 아름다운 눈 결정과 패턴들을 탐구합니다. 이 과정에서 학생들은 다양한 프랙탈 구조를 관찰하고, 거리와 각도를 측정하고, 직접 프랙탈 구조를 만들어 봅니다.
※ 코드닷 오알지 겨울왕국 프로그래밍 : https://bit.ly/Code-Frozen

## 변수

대수를 배우기 이전pre-algebra course[61]에 변수를 가르칠 때, 변수를 '아직 모르는 숫자를 대신하여 쓰는 것' 또는 '숫자를 대신해서 쓸 수 있는 것'으로 설명할 수 있습니다. 이러한 정의를 염두에 두고, 다음 의사 코드pseudocode를 살펴보세요.

```
x = 1
x = x + 1
```

위 코드는 이번 장에 포함된 프로젝트에서 사용할 자바스크립트JavaScript를 비롯한 많은 프로그래밍 언어에서 사용되는 매우 합리적이고 유용한 진술문입니다. 두 가지 모두 점수를 더하거나 이미지가 스크린 화면을 가로질러 움직이는 것과 같이 변수를 증가하기 위해 사용되는 일반적인 패턴의 진술문입니다.

대수를 처음 배우는 학생이라면 위와 같이 변수를 사용하는 것이 앞서 소개한 변수에 대한 정의를 만족하는 것으로 생각할 수 있습니다. 그러나 대수에서는 두 번째 진술문이 논리적으로 맞지 않습니다.

x 값이 1일 때, 어떻게 x와 x + 1과 같을 수 있을까요?

여기에는 두 가지 문제가 있습니다.

첫 번째는 가변성(可變性, mutability) 또는 시간이 지남에 따라 변수가 변하는 성질입니다. 수학과 일부 프로그래밍 언어에서는 변수가 변하지 않는 것으로 간주합니다. 따라서 변수 값이 설정되고 나면 더 이상 변수 값을 변경할 수 없습니다. 자바스크립트에서는 변수 값을 변경할 수 있지만, 대수를 가르치는 수업에서는 자바스크립트 역시 변수 값을 변경할 수 없

---

61) 미국 중학교 수학과정으로, 대수를 본격적으로 공부하기 전인 7학년이나 6학년에 배웁니다. 자연수의 산술, 정수·분수·소수·음수와 같은 새로운 유형의 숫자, 자연수의 인수분해, 연산자 우선순위, 변수 조작에 대한 이해, 면적과 부피 등 대수학을 준비하기 위한 다양한 내용을 다룹니다.

는 것처럼 소개할 수 있습니다.

두번째 문제는 = 기호가 가진 의미입니다. 대수에서 = 기호는 양쪽이 서로 같음을 의미합니다. 그러나 자바스크립트에서 = 기호는 왼쪽의 변수가 오른쪽 표현식의 결과 값과 같아지도록 정의하는 것을 의미합니다. 학생들에게는 이러한 점이 미묘한 차이로 느껴질 수 있습니다. 위 예제에서 보면 x = 1은 변수 x가 숫자 1과 같고 양쪽이 서로 같다고 말할 수 있기 때문에 대수와 자바스크립트 모두에서 변수에 대한 정의를 만족합니다. 두 번째 줄인 x = x + 1에서는 = 기호가 값을 정의하는 것으로 생각할 때만 의미가 있습니다. 이 경우에는 이전에 정의한 값을 사용합니다. 자바스크립트를 포함한 많은 프로그래밍 언어에서는 "x에 x + 1 값을 할당한다"와 같이 = 기호를 "값을 할당한다"로 읽는 것이 유용합니다.

## 함수

프로그래밍과 수학을 함께 가르칠 때 변수가 조그마한 걸림돌이라면, 함수는 매우 커다란 걸림돌입니다. 대체로 프로그래밍 언어마다 함수, 프로시저procedure, 서브루틴subroutine과 같이 유사하지만 동일하지 않은 구문을 나타내는 용어가 조금씩 다르기 때문입니다. 여기서 중요한 점은 대수와 컴퓨터 과학에서 사용하는 함수가 늘 다르지 않다는 것입니다. 몇몇 프로그래밍 언어에서는 함수가 대수에서와 같이 동작할 수 있지만, 때로는 대수의 규칙들을 모두 위반할 수도 있습니다.

대수에서 함수는 다음을 수행해야 합니다.

- 특정 범위의 값을 입력하기
- 특정 범위의 결과값을 반환하기
- 동일한 입력값에 대해서는 항상 동일한 결과값을 반환하기
- 수직선 테스트[62]를 통과하기

자바스크립트에서는 이렇게 대수의 규칙을 따르는 함수를 작성할 수 있습니다. 뿐만 아니라 실행은 되지만 값을 반환하지 않는 함수, 동일한 입력값에 대해 다른 결과값을 반환하는 함수, 대수의 규칙에 위반하는 함수도 작성할 수 있습니다. 이러한 점들이 프로그래밍을 수학 시간에 통합하는 데 걸림돌이 되어서는 안되지만, 주의를 기울일 필요가 있습니다.

스킴scheme[63]과 같이 대수의 규칙을 따르는 언어를 선택하지 않는 한, 특히 학생들이 사전에 다른 곳에서 프로그래밍을 배운 경우에는 명확하게 짚고 넘어가야 하는 언어적 이슈들이 있습니다.

## 🖱 함수형 프로그래밍

대수의 규칙을 완전히 따르는 방식으로 프로그래밍을 가르치고자 할 때에는 함수형 프로그래밍Functional Programming이 도움이 될 수 있습니다. 함수형 프로그래밍 언어는 대수에서의 함수를 프로그램의 핵심 구성요소로 사용하며, 변수도 변경할 수 없는 것으로 간주합니다. 함수형 언어는 유·초·중등 컴퓨터 과학 과정에서는 잘 다루지 않지만, 대학과 직업 현장에서 초보자들에게 널리 사용되는 언어입니다. 부트스트랩의 대수 과정[64]을 개발한 연구진은 대수의 맥락에서 프로그래밍 영역을 연구하고, 함수형 프로그래밍으로 대수를 가르칠 수 있는 도구와 교육과정, 교육학을 개발했습니다.

---

62) 그래프의 곡선이 함수인지 아닌지를 결정하는 방법으로, y 축에 평행한 선을 그렸을 때 x 값에 대해 교차점이 2개 이상 생기는 그래프는 함수가 아닙니다.

63) 1947년 MIT 인공지능 연구소에서 리스프(LISP)를 변형하여 개발한 언어로, 함수형 프로그래밍과 절차적 프로그래밍을 지원합니다.

64) 부트스트랩의 대수 과정 : https://bit.ly/Bootstrap-Algebra

# 🖱 언플러그드 활동

## 이진수

컴퓨터는 정보를 가장 낮은 수준으로 인코딩하기 위해 이진수를 사용합니다. 왜 그러한 걸까요? 왜 컴퓨팅에서는 전통적으로 우리가 어려서부터 사용하는 십진법base-10보다 이진법base-2이 더 나은 숫자 체계가 될까요? 컴퓨팅에서 이진법의 역할을 이해하면 대중매체 속의 컴퓨팅이 보여주는 미스테리한 숫자표현 0과 1이 무엇인지 분명하게 알 수 있습니다.

CS 언플러그드 "카드의 점 개수 세어보기" 활동은 학생들에게 카드와 점을 사용하여 이진수를 소개할 수 있는 쉽고 간단한 실습 활동입니다 (그림 7.3) 참고.

학생들에게 컴퓨팅에서 이진수를 사용한다는 것과 그 이유에 대해 가르치고자 할 때 이 활동을 진행합니다.

[그림 7.3] 카드의 점 개수 세어보기 활동 예시

※ 출처 : CS 언플러그드

학생들이 이진수로 숫자를 표현하는 기본 원리를 이해하고 나면 숫자 외에도 다른 유형의 정보들도 이진수로 표현할 수 있습니다. 이진수로 인코딩된 "비밀" 메시지를 만드는 것은 즐겁고도 아주 강력한 컴퓨터 과학 응용 활동입니다.

컴퓨팅에서 사용하는 숫자 체계를 더 깊이 다루고 싶다면, 컴퓨팅에서 흔히 볼 수 있는 16진법base-16을 살펴보세요. 학생들에게 16진수가 어디에 사용되는지, 왜 16진수를 사용하는지에 대해 조사해 보도록 하세요.

※ 카드의 점 개수 세어보기 언플러그드 활동 :

https://bit.ly/33NZJJ0

※ 카드의 점 개수 세어보기 언플러그드 활동(한국어 버전) :

https://bit.ly/33RNOtA

학생들이 위 활동들을 완료하면 앱 랩으로 개발한 이진수 게임[그림 7.4]을 소개합니다.

※ 이진수 게임 :

https://bit.ly/2DEUBMz

[그림 7.4] 이진수 게임

## 최소 신장 트리 | Minimal Spanning Trees

인터넷에 연결될 라우팅routing 정보를 찾는 것부터 턴 바이 턴turn-by-turn[65] 방식으로 자동차의 주행 방향을 알려주는 것에 이르기까지 네트워크나 그래프에서 가장 짧은 경로나 가장 효율적인 경로를 찾는 것은 컴퓨터 과학에서 자주 등장하는 과제입니다.

"외판원의 이동 경로 문제Traveling Salesperson problem"는 네트워크에서 가장 짧은 경로를 찾는 최소 신장 트리 문제입니다. 1800년대 직접 고객을 찾아다니면서 물건을 팔았던 외판원의 매뉴얼에서 다루었던 이 문제는 겉보기엔 간단한 질문을 합니다. 방문해야 할 도시 목록과 두 도시 사이의 거리가 주어진다면, 외판원이 모든 도시를 방문하고 다시 출발지로 돌아오기 위한 가장 짧은 경로는 무엇인가요?

문제가 요구하는 것을 이해하기는 쉽지만 계산하기는 어렵습니다. 이 문제는 이산 수학과 그래프 이론과 관련이 있습니다.

CS 언플러그드 활동인 진흙 도시는 외판원 문제를 변형한 것으로, 학생들이 계산하기 어려운 문제를 재미있게 해결할 수 있는 활동입니다.

학생들은 진흙 투성이가 된 도시를 위해 포장된 도로를 건설해야 합니다. 모든 사람이 포장된 도로를 걸어 자신의 집에서부터 다른 사람의 집까지 다닐 수 있도록 하되, 도로를 포장하는 데 쓰이는 비용은 최소가 되게 해야 합니다.

흥미롭게도 이 문제를 해결한다고 해서 모든 사람이 A 지점에서 B 지점까지 최단 경로로 이동하는 것은 아니지만, 전체 도시를 최저 비용으로 이동할 수 있으므로 개인의 요구보다 도시 전체의 요구를 충족시킵니다.

※ 진흙 도시 언플러그드 활동 :
https://bit.ly/2XNgOPx

---

65) 실시간 교통 정보를 반영하여 최적 경로를 찾아 목적지에 도착할 때까지 계속하여 음성이나 시각적 지시로 방향을 안내하는 방식

[그림 7.5] 진흙 도시 문제 예시

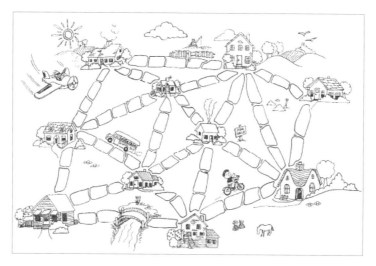

※ 출처 : CS 언플러그드 최소 신장 트리

**창의적 코딩으로 확장하기 : 부트스트랩 대수과정**

부트스트랩의 대수과정에서는 학생들이 수학적 개념을 적용하고 프로그래밍 원칙을 철저히 준수하여 간단한 비디오 게임을 만듭니다. 부트스트랩의 대수과정은 CSTA 표준, K-12 컴퓨터 과학 프레임워크, 수학 공통핵심기준 및 주(state) 차원의 수학 표준에도 부합합니다.

※ 부트스트랩 대수과정 : https://www.bootstrapworld.org/materials/algebra

# 프로젝트 : 선형 함수 기계

※ 프로젝트 자료 :

https://bit.ly/31AaLPm

### 개요

이 프로젝트에서는 사용자에게 값을 입력받아 실행하는 간단한 선형 함수 앱을 만듭니다.

여기서는 대수 함수의 규칙을 따르지 않는 프로그래밍 언어를 사용하지만 학생들은 대수의 규칙을 따르는 함수를 작성할 겁니다.

간단한 단일 기능 앱은 대부분 선형 문장제 문제를 중심으로 설계할 수 있습니다.

예제 프로그램은 다음과 같이 진행합니다.

마을에 새로운 인터넷 제공 업체가 들어옵니다. 이 업체는 소비자가 어디에 있든 소비자의 요구에 맞춰 즉각 맞춤형 서비스를 제공하는 주문형 방식으로 인터넷을 제공합니다. 휴대용 단말기 대여료는 한 달 기준으로 $8.50이고, 인터넷 사용료는 시간당 10센트씩 부과합니다. 이 업체는 잠재 고객이 인터넷에 접속할 것으로 예상되는 시간과 요금을 한 달 단위로 추정하는 앱을 만들기 위해 당신을 고용하려고 합니다.

이 문제를 교과서에 있는 내용으로 바꾸거나 교사가 직접 새롭게 만들어도 좋습니다.

문제를 어떠한 방법으로 변형하든, 학생들이 실제로 클라이언트의 요청을 해결해 주는 앱을 만들도록 하세요.

## 소요시간

이 프로젝트의 핵심 활동은 한 차시 혹은 두 차시에 걸쳐 진행할 수 있습니다. 문제를 추가로 만들거나 보다 정교한 기능을 구현하거나, 앱의 외관과 느낌을 입체적으로 살리려면 더욱 많은 시간이 소요될 수 있습니다.

## 목표

- 선형 함수를 사용하여 문제를 해결하기
- 텍스트를 입력을 받는 프로그램 개발하기

## 용어

- **함수** : 특정 입력을 받아 출력을 생성하는 수학적 객체
- **변수** : 값 또는 표현식을 참조하는 것으로, 프로그램 내에서 반복적으로 사용할 수 있음

## 교사 준비사항

이 프로젝트를 준비하기 위해서는 학생들이 해결해야 할 문제 또는 문제 집합을 결정하고 문제와 관련된 상황을 구체화하여 이야기로 표현합니다.

이 책에 제시된 예시 문제를 사용하는 경우에는 학생들이 과제를 실제적으로 느끼도록 하기 위해 인터넷 업체의 이름을 만들고 세부 정보를 추가하는 것이 좋습니다. 그리고 문제를 선택할 때, 학생들이 더 어려운 문제를 해결할 준비가 되어 있다고 생각되더라도 함수를 간단하고 선형적인 것으로 유지합니다. 학생들이 간단한 문제를 사용하여 앱 만드는 방법을 배우고 난 이후에 과제 수준을 높이는 것이 좋습니다.

## 준비하기

학생들에게 앱을 개발해야 하는 상황을 소개하는 것으로 수업을 시작합니다. 시간을 들여 문제 상황을 구체화시키고, 학생들이 실제로 사용할 수 있는 앱을 만드는 활동에 흥미를 갖도록 합니다.

예제 문제를 사용하는 경우, 다음과 같이 과제를 소개합니다.

> 얘들아, 액세스넷(AccessNet) 업체가 인터넷에 접속하는 새로운 방법을 개발하고 있는데 우리 마을에서 시범적으로 운영한다고 하네. 혹시 이 소식 들었니?
> 최근에 어디서나 인터넷에 연결할 수 있는 단말기를 개발했다고 하는데, 이 업체가 계획하고 있는 새로운 방법이 얼마나 적정한지 보여주는 앱을 개발할 수 있는 학생이 혹시 우리 반에 있는지 확인해 달라고 요청이 들어왔단다.

학생들이 둘씩 짝지어 팀별로 앉도록 하고 같이 해결해야 할 문제를 보여줍니다. 몇 분 동안 팀별로 문제에 대해 토의할 시간을 주고, 계속 토의를 이어가기 전에 학생들에게 질문을 받고 답변해 줍니다.

## 문제 분해하기

학생들이 해결해야 할 문제가 무엇인지 이해하고, 질의응답을 통해 문제를 명확히 하고 나면 문제를 분해하기 시작합니다. 다음 단계를 따라 수업을 진행하세요.

### 문제를 재정의하기

학생들이 문장제 문제를 해결했던 경험에 따라 교사가 더 많이 모델링해 주거나 학생들이 스스로 문제를 해결하도록 합니다. 문제에서 불필요한 정보를 없애고, 주어진 값과 주어지지 않은 값이 무엇이고 이들의 관계가 어떻게 되는지 명확히 하는 것에 중점을 둡니다.

위 예제 문제를 다시 정리해 보면 다음과 같습니다.

고객의 인터넷 사용 시간이 주어지면, 사용료는 기본요금 $8.50에 시간당 $0.05씩 추가되어 계산됩니다.

### 입력과 출력 식별하기

문제를 다시 서술하고 나면 프로그램이 어떤 값을 가져와야(입력) 하고 어떤 값을 반환(출력)해야 하는지 알아내야 합니다.

다시 위의 예제에서 살펴보면 입력과 출력은 다음과 같습니다.

**입력** : hours(인터넷 사용 시간)

**출력** : cost (비용)

## 테스트 기록하기Writing Tests

테스트 주도 개발Test-Driven Development, TDD은 개발자들이 사용하는 소프트웨어 개발 프로세스로, 보다 우수하고  명확하며 버그가 없는 코드를 작성하는 데 도움이 됩니다. 간단히 설명하자면, TDD 방식으로 소프트웨어를 개발할 때에는 미리 작성해 둔 테스트 케이스test case를 통과하기 위한 코드가 제대로 실행되는지 검증하기 전까지는 실제 코드를 작성하지 않습니다. 개발자는 실제 코드를 작성하기 전에 여러 가지 실패를 겪게 되므로, 초기 단계에서 개별 테스트들을 통과하기 위해 노력해야 합니다. 여기서는 모든 테스트를 통과하는 것으로 프로그램이 잘 작동한다는 것을 알 수 있습니다.

이러한 접근 방식의 장점은 개발자가 실제로 테스트를 작성하는 방법을 몰라도 최종 목표가 무엇인지 명확히 알 수 있다는 것입니다.


여기서는 테스트 주도 개발의 약식 버전을 따라 간단한 연산을 사용하는 테스트 케이스를 작성합니다. 그런 다음 테스트에서 보이는 패턴이 무엇인지 살펴보고, 프로그램이 어떻게 동작해야 하는지 파악합니다.

프로그램 작성을 마치면, 테스트 케이스와 프로그램을 비교하여 예상대로 작동하는지 확인합니다. 예제 프로그램에서는 시간 정보 하나만 입력하면 되므로, 몇 가지 시간 정보를 기준으로 테스트 케이스를 작성합니다.


테스트 케이스 1 : 8시간

$$8.25 + (0.05 * 8) = 8.65$$

테스트 케이스 2 : 55시간

$$8.25 + (0.05 * 55) = 11$$


※ 위 테스트 케이스에서 모든 값을 동일한 순서로 유지했습니다. 이것은 다음 단계에서 중요해집니다.

## 종이에 함수 정의하기

위에서 작성한 테스트 케이스를 사용하여 함수를 작성하는 데 도움이 되는 패턴을 찾습니다.

$$8.25 + (0.05 * 8) = 8.65$$
$$8.25 + (0.05 * 55) = 11$$

등호의 왼쪽에서 변경되는 값은 입력값 중 하나여야 하고, 오른쪽 값은 출력되는 값이어야 합니다. 이제 위에서 정의한 입력값과 출력값의 이름으로 바꾸어 테스트 케이스를 작성합니다.

$$8.25 + (0.05 * hours) = cost$$

## 함수 프로그래밍하기

테스트 케이스에서 찾은 패턴을 컴퓨터에서 표현합니다. 학생들이 함수를 정의하는 것에만 집중하기를 원한다면, 이 책의 웹 사이트에서 제공하는 스타터 프로그램을 활용하세요. 여기에는 함수를 제외한 모든 것이 갖춰져 있습니다. 학생들은 스타터 프로그램을 리믹스한 후 다음과 같은 함수를 찾아야 합니다.

```
function estimateCost(hours) {
  return __;
}
```

이 함수는 이름이 estimateCost 이고, 변수 hours 값을 입력받아 return 오른쪽에 있는 표현식을 반환합니다. 테스트 케이스에서 찾은 패턴을 이 함수에 사용합니다.

```
function estimateCost(hours) {
  return (8.25 + (0.05 * hours);
}
```

### 테스트 하기

모든 것이 계획대로 작동하면, 테스트 케이스에서 사용했던 값으로 프로그램을 실행해서 테스트합니다. 프로그램에서 테스트 케이스와 동일한 결과값을 출력한다면 잘 완성된 겁니다. 그렇지 않은 경우에는 함수에 사용한 패턴이 테스트 케이스와 다른 부분이 무엇인지 다시 살펴봅니다.

[그림 7.6] 테스트 예시

## 정리하기

함수의 입출력이 예상대로 작동하면 학생들이 디자인 모드에서 앱을 더 꾸밀 수 있도록 시간을 줍니다. 로고를 추가하거나 앱 기능을 설명하는 문구를 추가해 보세요.

학생들이 함수를 충분히 작성해 보았다면, 심화 과제로 확장할 수 있습니다. 예들 들어, 예제 프로그램에서는 사용료가 시간에 비례하였지만, 사용 시간이 길어질수록 더 높은 할인율을 적용해 보면 어떨까요? 또는 서로 다른 사용료 측정방법을 만들어 이 두 가지를 비교하는 앱으로 만들어 보는 것도 좋습니다.

[그림 7.7] 휴대폰 요금을 예측해 주는 앱

## 확장하기

더욱 복잡한 문장제 문제를 활용하는 것으로 예제 프로그램을 확장할 수 있습니다. 이 경우 학생들은 추가된 변수를 처리하기 위해 입력 필드를 추가해야 합니다.

# 표준 문서 참고하기

## CSTA 표준

- **2-AP-14**: 코드를 구성하기 위해 매개변수를 사용하여 프로시저를 작성하고, 재사용하기 쉽게 만들기
- **2-AP-17**: 다양한 테스트 케이스를 적용하여 프로그램을 체계적으로 테스트하고 개선하기

## 수학 공통핵심기준

- **CCSS.MATH.CONTENT.8.F.A.1**: 함수는 각 입력값에 대하여 오직 하나의 출력값을 가진다는 것을 이해한다.
- **CCSS.MATH.CONTENT.8.F.B.4**: 두 수량 사이의 선형 관계를 모델링하는 함수를 만든다.

## ISTE 학생 표준

- **지식 구성가**Knowledge Constructor : 디지털 도구를 사용하여 다양한 정보를 비판적으로 관리함으로써 자신과 타인을 위한 지식을 구성하고, 창의적인 산출물을 만들고, 의미 있는 학습 경험을 만든다.
- **혁신적인 디자이너**Innovative Designer : 문제를 파악하고 해결하는 과정에서 다양한 기술technology을 활용하여 새롭거나 의미있고, 창의적인 솔루션을 만들어 낸다.
- **컴퓨팅 사고가**Computational Thinker : 문제를 이해하고 해결하기 위해 문제해결 전략을 개발하고 적용한다. 문제해결 솔루션을 개발하고 테스트하는 과정에서 기술적 방법을 적극 활용한다.
- **창의적 소통가**Creative Communicator : 목적에 맞게 플랫폼, 도구, 스타일, 형식, 디지털 미디어 등을 적절히 사용하여 다른 사람에게 자신의 의견을 명확하게 전달하고, 자신을 창의적인 방법으로 표현한다.

## 다른 교과에 적용하기

**공학**

손으로 무언가를 만들 때 계산이 필요한 부분을 생각해 보고, 이러한 계산에 도움을 주는 앱을 만들어서 사용해 보세요. 원 둘레나 삼각형의 변의 길이를 구하는 것을 비롯해서 흥미로운 무언가를 만들기 위해 간단히 계산해야 하는 것들을 찾아보고, 편리하게 계산할 수 있는 앱을 만들어 봅니다.

**과학**

과학자들 역시 주기적으로 간단한 계산들을 합니다. 학생들과 함께 난수를 생성하는 미니 앱을 만들어 보세요. 과학 시간에 유용하게 사용할 수 있습니다.

# 평가 및
# 피드백

마지막 파트는 교실 수업에 컴퓨터 과학을 도입하기 위한 실제적 측면을 살펴봅니다.

학생들을 평가하고 지원하는 다양한 접근 방식과 수업이 계획대로 잘 진행되지 않을 때 무엇을 하면 좋을지 살펴봅니다.

〈Part 3〉은 다음 내용을 자세히 소개합니다.

• 컴퓨터 과학 프로젝트를 평가하는 루브릭과 프레임워크
• 디버깅 전략과 수업을 지속하기 위한 전략

# CHAPTER 8

# 코딩 프로젝트
# 평가하기

여러분은 아마 담당하고 있는 과목에서 에세이 채점하기, 과제에 가중치 부여하기, 프로젝트 평가하기와 같이 핵심 주제를 평가할 수 있는 평가 체계와 절차를 가지고 있을 것입니다. 그러나 코딩 프로젝트를 평가할 때에는 여러분이 사용하던 기존의 평가 체계와 절차를 재평가하거나 수정해야 할 것입니다.

첫 번째로 고려할 것은 프로젝트에서 코딩 부분을 조금이라도 평가할 것인지에 대한 여부입니다. 컴퓨터 과학 통합 수업은 우선적으로 학생들이 성취해야 할 교과 영역별 표준을 지원해야 합니다. 만약 코딩 부분을 평가하고자 한다면 학생들에게 피드백을 제공할 것인지 아니면 점수만 부여할 것인지를 결정해야 합니다.

컴퓨터 통합 수업의 목표를 다시 한 번 떠올려 보세요. 학생들에게 점수를 줄 때 프로그램

능력을 반영하는 것이 중요한가요? 아니면 학생들이 교사와 함께 새로운 도전을 한 것에 대해 실질적인 피드백을 주는 것이 더 중요한가요?

평가의 목적을 명확히 하고 나면, 평가 방법을 고안해야 합니다. 제 경험상 코딩 프로젝트를 평가할 때 결과물보다 과정을 더욱 강조하는 것이 좋습니다. 특히 중학교에서 학생들이 최종 결과물보다 어떠한 과정을 겪었는지(예 : 설계, 반복, 디버깅, 협업)를 더욱 가치있게 바라보면 좋겠습니다.

학생들이 만든 결과물을 중요치 않게 생각하는 것이 아닙니다. 학생들이 완벽한 앱을 개발하는 것보다 최선을 다해 도전에 임하고, 다시 도전하고, 또 다른 방면에서 지식을 얻는 것이 더욱 중요하다는 것입니다. 우리의 교육 시스템은 학생들이 오직 "정답"을 찾도록 강요하는 데 너무도 많은 시간을 들이고 있습니다. 적어도 컴퓨터 과학 수업에서는 학생들이 끈기 있게 노력하는 것을 가치있게 평가하고 실패하는 것을 나쁜 것으로 인식하지 않도록 합시다.

## 🖱 루브릭 개발하기

소프트웨어 개발 과정은 최종 결과물만큼 중요합니다. 코딩 프로젝트를 평가하는 루브릭은 다음 두 가지 요소로 구성하는 것이 좋습니다.

첫 번째는 학생들이 프로젝트에 적용한 실천practice 내용이고, 두 번째는 교과 영역과 컴퓨터 과학 개념 사이의 균형에 중점을 둡니다.

### 실천Practices

학생들이 컴퓨터 과학 실천을 어떻게 적용하고 있는지 확인할 수 있도록 K-12 컴퓨터 과학 프레임워크가 제시하는 실천 내용 중에서 몇 가지(3개 이하)를 선택하여 루브릭에서 비중 있게 다룹니다. 이 중에는 모든 프로젝트에 쉽게 적용할 수 있는 것도 있습니다. 가급적 학생들이 실천 내용을 개발할 수 있도록 도우면서 교사가 관찰할 수 있는 것으로 선택합니다.

## 실천 1. 폭넓은 컴퓨팅 문화 조성하기

〈실천 1〉은 이 책의 〈Chapter 5〉에서 소개한 사회적으로 영향력 있는 앱을 만드는 프로젝트를 참고하기를 권장합니다.

학생들이 다양한 사용자 집단을 염두에 두며 솔루션을 설계하고 있다는 증거를 찾습니다. 학생들에게 자신이 설계한 것들이 다양한 능력과 배경을 가진 사용자들에게 어떠한 영향을 주는지 생각해 보도록 기회를 주세요.

학생들은 다음과 같은 목표를 향해 노력해야 합니다.

1. 타인의 고유한 관점을 고려하고 자신의 관점을 반영하여 컴퓨팅 결과물을 설계하고 개발하기
2. 접근성이 높고 유용한 결과물을 만들기 위해 설계 과정에서 사용자의 다양한 요구를 해결하기
3. 다른 사람과 상호작용하거나 결과물을 설계 및 개발하는 과정에서 자신과 타인을 포용하며 편견을 해결하기

## 실천 2. 컴퓨팅 환경에서 협업하기

페어 프로그래밍 또는 모둠별 협업과 같은 공동 작업은 학생들이 일반적인 협업능력과 의사소통 능력을 향상하는 데 도움이 될 수 있습니다.

학생들은 다음과 같은 목표를 향해 노력해야 합니다.

1. 다양한 관점과 역량, 성격을 지닌 사람들과 협력 관계를 만들고 발전시키기
2. 팀 규범과 공동의 기대치를 만들고, 작업량을 공평하게 계획하여 작업의 효율성과 효과를 높이기

3. 팀 구성원과 기타 이해 관계자에게 피드백을 요청하여 반영하고, 건설적인 피드백을 주고받기

4. 프로젝트 공동 작업에서 사용할 수 있는 기술적 도구를 평가하고 선택하기

### 실천 3. 컴퓨팅 문제를 인식하고 정의하기

학생들이 〈실천 3〉을 확실하게 보이려면 프로젝트 범위 안에서 스스로 문제를 찾고 해결하는 기회가 있어야 합니다. 따라서 교사가 지나치게 높은 수준으로 스캐폴딩을 제공하는 경우에는 평가가 어려울 수 있습니다.

이 책의 〈Chapter 7〉에 소개된 선형 함수 앱 프로젝트는 학생들은 자신의 문제를 앱으로 해결하는 연습을 할 수 있는 좋은 기회가 될 수 있습니다.

학생들은 다음과 같은 목표를 향해 노력해야 합니다.

1. 컴퓨터로 문제를 해결할 수 있는 복잡한 문제, 학제 간 문제, 실생활 문제를 식별하기

2. 실세계의 복잡한 문제를 다루기 쉬운 하위 문제로 만들어 기존 해결책이나 절차로 통합하기

3. 컴퓨터로 문제를 해결하는 것이 적절하고 실현 가능한 것인지 평가하기

### 실천 4. 추상화 기법을 개발하고 사용하기

프로젝트 활동은 학생들이 일반화된 재사용 가능한 동작으로 패턴을 식별하고 프로그램을 개발하는 훌륭한 기회입니다.

학생들은 다음과 같은 목표를 향해 노력해야 합니다.

1. 일련의 상호 관련된 프로세스나 복잡한 현상에서 공통된 속성을 추출하기

2. 기존의 기술적 기능을 평가하여 새로운 설계에 통합하기

3. 여러 상황에 적용하고 복잡성을 낮출 수 있는 모듈과 상호작용할 수 있는 지점을 개발하기

4. 현상과 절차를 모델링하고 시스템을 시뮬레이션하여 잠재적 결과를 예측하고 평가하기

## 실천 5. 컴퓨팅 결과물 만들기

컴퓨팅 결과물은 우리 주변에서 쉽게 찾을 수 있습니다. 그러나 자세히 들여다 볼 필요가 있습니다.

〈실천 5〉를 평가하기 전에 학생들이 컴퓨팅 결과물을 설계하거나 방향을 잡는 과정에서 도움을 받은 곳이 있는지를 고려해야 합니다. 학생 스스로가 결과물을 표현하는 연습을 많이 하는 것이 중요하기 때문입니다.

학생들은 다음과 같은 목표를 향해 노력해야 합니다.

1. 컴퓨팅 결과물 개발 계획을 세울 때에는 주요 기능과 시간, 자원 제약, 사용자 기대치 등을 고려하여 계획을 반영하고 수정하는 과정을 여러 번 반복하기

2. 실제적 의도나 개인적 표현이 담긴 것, 혹은 사회적 문제를 해결하는 컴퓨팅 결과물 만들기

3. 기존 결과물을 개선하고, 사용자의 요구에 맞게 수정하기

## 실천 6. 컴퓨팅 결과물을 테스트하고 개선하기

결과물을 만들고 나면 이것을 테스트하고 개선하는 시간이 필요합니다. 여기에 시간과 노력을 기울인다면 여러분이 가르치는 대부분의 프로젝트에서 〈실천 6〉에 대한 증거를 확인할 수 있을 겁니다.

학생들은 다음과 같은 목표를 향해 노력해야 합니다.

1. 모든 시나리오와 테스트 케이스를 고려하여 컴퓨팅 결과물을 체계적으로 테스트하기

2. 체계적인 과정을 거쳐 오류를 식별하고 수정하기

3. 컴퓨팅 결과물을 여러 번 평가하고 개선하여 성능과 신뢰성, 유용성, 접근성을 향상시키기

## 실천 7. 컴퓨팅에 관하여 의견 나누기

의견 나누기는 학생들에게 소통하는 장소를 어떻게 제공하는지에 따라 다양한 형태로 진행할 수 있습니다.

외부 사람에게 내용을 공유하기, 다른 사람의 활동과 적절히 통합하기, 코드 전체를 명확하게 문서로 정리하기를 통해 〈실천 7〉을 확인할 수 있습니다.

학생들은 다음과 같은 목표를 향해 노력해야 합니다.

1. 여러 가지 자료에서 데이터를 선택, 구성, 해석하여 주장을 뒷받침하기

2. 청중을 고려하고 목적에 부합하는 적절한 용어를 사용하여 컴퓨팅을 활용한 절차와 해결 방법을 명확하게 설명하고 문서화하기

3. 지적 재산권을 준수하고 작업물에 권한을 적절히 부여[66]하여 책임감 있게 아이디어 표현하기

### 개념Concepts

평가하기로 선택한 교과 영역과 컴퓨터 과학 개념 사이의 균형은 통합 수업의 목표에 맞춰 여러분이 알맞게 조율해야 합니다. 수업을 계획하는 단계에서 컴퓨터 과학 개념을 평가하지 않거나 생산적인 피드백을 제공하는 것으로 둘 사이의 균형을 적절히 조율할 수 있습니다. 그러나 프로젝트에서 적어도 한 부분에서 만큼은 컴퓨터 과학을 평가하는 것이 좋으

---

66) 작업물에 적절한 라이센스 조건을 표기하거나 작업물에 표기된 조건을 준수하여 활용하는 것.
CCL(Creative Commons License) 적용하기 : http://cckorea.org/xe/ccl

며, 특히 담당 교과와 컴퓨터 과학이 겹치는 부분을 평가하는 것을 권장합니다.

컴퓨터 과학 개념을 평가하지 않아 학습에 대한 증거를 찾기 어려운 경우에는 컴퓨터 과학을 가르쳤다고 설득력 있게 주장할 수 없습니다.

책의 웹사이트(http://creativecodingbook.com)에서 네 개 교과 영역(언어, 사회, 과학, 수학)에 대한 스타터 루브릭을 참고하세요.

## 🖱 대안적 평가 방법

루브릭을 개발하면, 평가에 사용할 매체를 선정해야 합니다. 에세이를 채점하는 것처럼 학생들에게 프로그램을 제출하도록 하고 점수를 매길 수는 있지만, 여기에는 몇 가지 문제가 있습니다.

첫 번째, 코드만 평가하는 경우에는 컴퓨터 과학에 대한 사전 지식이 있는 학생들이 더 유리할 가능성이 높아집니다. 학생들이 프로그램을 개발했던 과정을 통찰력 있게 볼 수 없기 때문입니다.

두 번째, 컴퓨터 과학을 처음 가르치는 교사는 코드를 읽거나 평가하기가 어려울 수 있습니다. 학생들에게 폭넓게 사용되는 응용 역량을 강조하고, 코드를 읽는 데 따르는 어려움을 피하려면 다음과 같이 산업 분야에서 실제로 활용하는 방법들을 적용해 보세요.

### 펀딩 피치 Funding Pitch

제품 피치는 소프트웨어 개발자가 초기 프로그램을 발전시키는 과정을 모델링하는 재미있는 방법으로 실시간으로 프레젠테이션하거나 사전에 비디오를 녹화해도 좋습니다. 이 경우에는 학생들이 프로그램을 완벽하게 완성하지 못해도, 심지어 계획한 대로 만들지 못해도 괜찮습니다.

펀딩 피치는 학생들이 지금껏 해왔던 모든 작업 내용을 강조하고, 다음에 반복적으로 수행하고 싶은 일이 무엇인지 생각해 보고, 잠재적 투자자들이 투자에 참여하도록 설득할 수 있는 기회입니다. 시간적 여유가 있다면 킥 스타터와 같은 크라우드 펀딩 웹 페이지를 만드는 것으로 활동을 확장할 수 있습니다.

### 개발자 토크 스루Talk-Through

개발자들은 새로운 팀원을 프로젝트에 참여시킬 때 종종 워크 스루walk-through 방식으로 코드베이스codebase[67]와 관련된 내용을 설명해 줍니다. 즉, 새로운 팀원에게 각 작업 섹션이 어떻게 작동하고 커다란 프로젝트 내에서 어떠한 역할을 수행하는지를 알려줍니다.

학생들은 교사를 잠재인 새로운 개발자로 보고, 교사가 개발 과정에 "참여"하도록 자신의 코드를 개별적으로 혹은 교실 전체에 설명하도록 합니다.

학생들이 자신의 코드에서 약점을 스스로 찾도록 격려하세요.

어떤 섹션이 여전히 해결해야 하는 부분인가요?

어떻게 해야 할지 아직 모르는 것이 있나요?

### 코드 리뷰

소프트웨어 개발자는 전체 프로젝트에 참여하기 전에 타인이 검토할 수 있도록 코드 리뷰를 합니다. 여기서는 모둠 안에서 개별적으로 코드 리뷰를 진행하거나 교실 전체가 함께 진행합니다. 코드 리뷰의 목표는 다른 사람의 코드에 문제가 있는 부분을 전부 찾아내는 것이 아닙니다. 그보다는 당사자가 보지 못하는 사각지대를 찾도록 도움을 주는 것이 목표입니다.

---

67) 특정 소프트웨어 시스템, 응용 소프트웨어, 소프트웨어 구성 요소를 빌드하기 위해 사용되는 소스 코드의 모임입니다.

## 성장을 지원하고 반복하기

이 책이 소개하는 대안적 평가 방식들은 학생의 성장을 지원하고 반복하도록 설계되었습니다. 이러한 대안적 접근 방식을 수업에 적용할 때에는 다음 내용을 꼭 기억하기 바랍니다.

우리의 교육은 너무나 빈번히 평가를 교육의 마지막 단계로 보고 있으며, 학생들은 초등학교에 입학하고 나서부터 이러한 관점에 익숙해져 왔습니다. 컴퓨터 과학에서는 마지막이 없습니다. 컴퓨터 과학에서는 모든 것이 진행 중인 과정입니다.

다음에 이어지는 반복이 완전히 다른 프로젝트 활동일지라도, 우리(학생과 교사 모두)는 평가가 다음 반복을 주도할 또 다른 피드백 기회라는 것을 기억할 것입니다.

# 디버깅과
# 지속하기

좌절은 자연스러운 삶의 일부분입니다. 프로그래밍에서 겪는 좌절은 논리 퍼즐 풀기나 방금 배운 외국어로 번역하기 또는 개에게 차를 운전하는 방법을 가르치는 것처럼 느껴질 수 있습니다. 프로그래밍을 할 때 피할 수 없는 어려움을 극복하기 위해서는 인내력을 기르고 체계적으로 버그를 찾아 해결할 수 있어야 합니다.

## 🖱 기대치 설정하기

컴퓨터 과학은 문제를 해결하는 과정입니다. 문제를 해결하는 과정에서 힘겹게 도전하는 것을 당연시하고, 지속적으로 노력하는 것의 중요성을 강조한다면 학생들은 더욱 유능한 디버거debuggers가 될 것입니다.

교사는 클래스 디버거class debugger가 되지 말아야 합니다. 학생들이 자신의 문제를 교사가 해결해 줄 것이라 기대하게 되면 교실에는 도움을 요청하는 학생들이 넘쳐날 것이고, 학생들은 스스로 디버그를 해결하는 방법을 배우지 못할 뿐더러 교사와 학생 모두가 점점 더 좌절하게 될 것입니다. 이것이 바로 피할 수 없는 좌절이지요!

## 교사를 찾기 전에 세 명에게 질문하기

이미 〈Chapter 2〉에서 교실 전략으로 소개했지만, 디버깅과 관련하여 여기서 다시 논의할 가치가 있습니다.

"선생님을 찾기 전에 세 명에게 질문하기"라는 표현은 학생들이 문제해결에 필요한 자료를 교사에게 바로 요청하지 않고, 먼저 교실에서 도움을 구하는 것을 상기시킵니다. 다른 세 명의 동료 학습자의 도움에도 불구하고 오류bug를 해결하지 못한 경우에만 교사가 도움을 줍니다. 이러한 접근 방법은 자칫 시간을 낭비하는 작은 버그들을 줄이고, 학생들이 겪고 있는 더욱 어려운 문제가 무엇인지 파악도록 해줍니다.

교사에게 전달된 버그는 교사가 해결해야 할 버그가 아님을 잊지 마세요. 그것은 교사가 주의를 기울여야 함을 의미합니다. 즉, 도움이 필요한 학생에게는 필요한 외부 자료를 안내하거나, 해답을 알 수도 있는 다른 학생에게 안내하는 것을 의미합니다.

## 러버덕 디버깅

저는 제게 주어진 문제, 특히 큰 문제나 추상화 문제를 말로 표현하는 것을 좋아합니다. 제가 간과했던 사소한 것들을 찾아내는 데 도움이 되기 때문이지요.

페어 프로그래밍은 버그를 말로 표현하도록 하는 데 도움이 되지만, 약간의 추가적인 것들이 필요할 때가 있습니다. 코드 혹은 코드 자체를 전혀 본 적이 없는 사람에게 자신이 작성한 코드를 설명하는 것은 문제를 이미 이해하고 있는 사람에게 문제에 대해 설명하는 것보다 훨씬 어렵지만 더 많은 도움이 됩니다.

러버덕rubber duck[68]을 사용해 보세요. 러버덕 디버깅은 학생들이 디버깅에 대한 긴장을 낮추고 약간 기발한 방식으로 자신의 프로그램에 대해 상세히 설명할 수 있는 재미있는 방법입니다.

교사의 책상 위에 러버덕을 올려둡니다(학교의 마스코트나 학생들이 좋아하는 동물 인형으로 대신해도 좋습니다).

"교사를 찾기 전에 세 명에게 물어보기" 활동을 해도 여전히 해결하지 못한 문제가 있는 학생에게 이 러버덕을 건네줍니다. 러버덕을 건네 받은 학생은 자리로 돌아가 자신의 코드에서 무엇이 실행되고 무엇이 문제인지를 러버덕에게 설명합니다.

때로는 학생들이 문제를 말로 표현하는 것만으로도 어려움을 해결할 수 있습니다. 때문에 교사가 러버덕처럼 직접 옆에서 듣지 않아도 됩니다.

## 🖱 디버깅 도구

대부분의 최신 프로그래밍 환경에는 코드 디버깅에 도움이 되는 도구가 내장되어 있습니다. 앱 랩을 사용하는 경우에는 온라인에서 지원되는 디버깅 도구를 통해 오류 내용을 읽을 수 있습니다 (그림 9.1) 참고.

---

68) 고무 재질로 만들어 진 오리 모양의 장난감

[그림 9.1] 코드의 2번째 줄에서 발생한 디버그

다음은 프로그래밍 환경에서 볼 수 있는 디버깅 도구들입니다.

### 브레이크 포인트 Break Points

브레이크 포인트는 프로그램 실행을 일시 정지하거나 중단하고자 하는 지점을 지정합니다. 브레이크 포인트를 사용하면 포인트 지점에서 프로그램 상태를 확인할 수 있습니다 (그림 9.2) 참고.

174

[그림 9.2] 코드의 41번째 줄에 브레이크 포인트를 지정한 모습

원래 사용하려 했던 변수인가요? 여러분이 작성한 함수가 실제로 호출되나요?

## 에러 로깅Logging Errors

콘솔console은 프로그램이 실행되는 도중에 발생하는 오류error를 표시해 주는 곳이지만, 사용자가 직접 메시지를 작성할 수도 있습니다.

자바 스크립트에서는 console.log() 함수를 작성하면 콘솔에 메시지를 쓸 수 있습니다. console.log() 함수를 사용하면 사용자가 원하는 순서로 코드를 실행시키거나 변수 값을 확인할 수 있습니다 (그림 9.3) 참고.

[그림 9.3] console.log() 함수를 사용하여 변수 'new_reading.value' 값을 출력

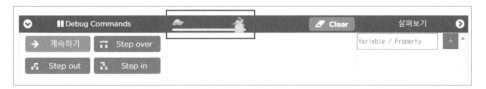

## 실행속도 늦추기

앱 랩에는 코드를 실행하는 속도를 조절할 수 있는 슬라이더가 있습니다. 이 슬라이드를 알맞게 조절하면 프로그램이 실행되는 모습을 천천히 확인할 수 있습니다 (그림 9.4) 참고.

[그림 9.4] 프로그램 실행속도를 조절하는 슬라이더

## 🖱 신호등

디버깅을 성공적으로 완료하면 도파민이 많이 분비됩니다. 어려운 문제를 성공적으로 해결하면 기분이 좋지요. 학생들이 준비되기 전에 답을 던져주어서 학생들이 스스로 솔루션을 찾아가며 흥분과 만족감을 느끼는 기회를 빼앗지 마세요. 색상 코딩 체계를 사용하는 신호등 활동은 학생들이 디버깅을 하는 동안 어떤 상태에 있는지, 도움이 필요한지에 대한 여부를 비언어적으로 표현합니다.

각 학생마다 빨간색, 노란색, 초록색으로 된 물건을 나누어 줍니다. 위로 쌓을 수 있는 플라스틱 컵을 사용하는 것이 좋지만, 색상 카드나 깃발을 사용하는 것도 괜찮습니다. 학생이 초록색을 표시하면 모든 것이 잘 진행되고 있다는 것을 뜻합니다. 장애물에 부딪히면 노란색으로 변경하여 교사와 다른 동료 학생에게 보여줍니다. 이것은 도전적인 과제를 하고 있지만, 아직 도움을 받을 준비가 되지 않았다는 것을 의미합니다. 빨간색으로 변경했을 때만 도움을 주도록 합니다.

## 🖱 모든 학생이 실패한 경우

때로는 적절한 도구를 사용해도 문제를 해결하지 못하거나, 시간이 한정되어 있어 수업 시간 내에 문제를 해결하지 못하는 경우가 발생합니다. 괜찮습니다. 개발자들은 늘 겪는 일입니다. 여러분이 사용하는 도구 또는 언어에 대한 온라인 포럼을 찾아보거나 여러분에게 실제적으로 방향성을 제시해 줄 수 있는 사람들을 찾아보세요. 자신이 갖고 있는 문제가 무엇이고, 무엇을 시도해 봤으며, 아직 해보지 않은 것을 글로 써 보세요.

내일은 새로운 관점으로 문제에 다시 접근해 보세요. 중요한 것은 도전적인 버그 하나에만 너무 오랫동안 몰두하지 말고, 자신감을 잃지 않는 것입니다.

여러분은 할 수 있습니다!

# 📖 결론

    다시 이 책의 처음 부분으로 돌아가면, 저는 여러분이 담당하고 있는 수업에 컴퓨터 과학을 통합하는 기회를 찾아 필요한 절차를 단계적으로 밟도록 권유했습니다.

    이 책에 소개된 활동과 수업들은 수백 명의 교사들이 제가 성장하는 데 영향을 주었던 것들을 반영한 것들입니다. 그 중에서 많은 분들이 컴퓨터 과학을 가르친 적이 없었지요. 여러분의 수업에 컴퓨터 과학을 도입함으로써 컴퓨터 과학 학습 기회를 가질 수 없었던 학생들에게 반드시 필요한 학습 기회를 제공할 수 있습니다. 뿐만 아니라 모든 학생에게 컴퓨터 과학이 무엇인지, 무슨 역할을 하는지, 사회적으로 어떠한 영향을 미치는지에 대한 관점을 넓혀줄 수 있습니다.

    겉으로 보기에 컴퓨터 과학 교사인 것처럼 "흉내"내지 마세요.

    여러분은 진정으로 컴퓨터 과학을 가르치는 교사이며, 담당 교과 영역을 가르쳤던 경험은 여러분이 가진 소중한 자산입니다. 컴퓨터 과학 통합 수업은 학생들이 장차 기술 관련 직업을 선택하든 선택하지 않든 상관없이 모든 학생에게 현대 사회에서 더 나은 삶을 준비할 수 있는 토대를 마련해 줄 것입니다.

Ala-Mutka, K., Broster, D., Cachia, R., Centeno, C., Feijóo, C., Haché, A., . . . Valverde, J. (2009). The impact of social computing on the EU information society and economy. JRC Scientifi c and Technical Report EUR 24063 EN. Retrieved from www.ict-21.ch/com-ict/IMG/pdf/JRC54327. pdf

Association for Computing Machinery, et al. (2017).K-12 Framework for computer science education. Retrieved from http://k12cs.org.

Astels, D. (2003). Test-driven development: A practical guide. Upper Saddle River, NJ: Prentice Hall Professional Technical Reference.

Barker, L., McDowell, C., & Kalahar, K. (2009). Exploring factors that influence computer science introductory course students to persist in the major. ACM SIGCSE Bulletin, 41, 153-57.

Bienkowski, M. (2015). Making computer science a fi rst-class object in the K-12 next generation science standards [abstract]. Proceedings of the 46th Acm Technical Symposium on Computer Science Education, 513-13. doi:10.1145/2676723.2691882

Buckley, M., Nordlinger, J., & Subramanian, D. (2008). Socially relevant computing. ACM SIGCSE Bulletin, 40 (1), 347-51.

Cockburn, A., & Williams, L. (2000). The costs and benefi ts of pair programming. In G. Succi & M. Marchesi (Eds.), Extreme Programming Examined (pp. 223-47). Reading, MA: Addison-Wesley Publishing Co.

Code.org. (n.d.). Lab Buddy Project. Retrieved from https://studio.code.org/projects/applab/SI2_d3hr00jNKTEmPblkAA/remix

Code.org. (2017a). Advocacy Coalition. Retrieved from https://code.org/advocacy

Code.org. (2017b). Binary game. Retrieved from https://studio.code.org/projects/applab/iukLbcDnzqgoxuu810unLw

———. (2017c). CS discoveries curriculum guide. Retrieved from https://code.org/files/CSDiscoveries-Curriculum-Guide.pdf.

Computer Science Teachers Association. (2017). K-12 CSTA Computer Science Standards. Retrieved from www.csteachers.org/page/standards.

Computer Science Teachers Association, International Society for Technology in Education. (2011). Computational thinking leadership toolkit. Retrieved from www.csteachers.org/resource/resmgr/471.11CTLeadershiptToolkit-S.pdf.

CS Unplugged. (1998). Information hiding. Retrieved from http://csunplugged.org/information-hiding/

———. (2002a). Binary numbers. Retrieved from http://csunplugged.org/binary-numbers/

———. (2002b). Routing and Deadlock. Retrieved from http://csunplugged.org/routing-and-deadlock/

———. (2002c). Text compression. Retrieved from http://csunplugged.org/text-compression/

———. (2002d). Minimal Spanning Trees. Retrieved from http://csunplugged.org/minimal-spanning-trees/

———. (2014). Phylogenetics. Retrieved from http://csunplugged.org/phylogenetics/———. (2015). Network Protocols. Retrieved from http://csunplugged.org/network-protocols/

Denning, P. (2005). Is computer science science? Communications of the ACM 48(4), 27-31.

Dweck, C. (2006). Mindset: The new psychology of success: How we can learn to fulfi ll our potential. New York, NY: Ballantine Books.

———. (2015). Carol Dweck revisits the 'growth mindset.' Education Week, 35(5), 20–24.

Evans, D. (2016, October 17). Computer science should supplement, not supplant science education [blog]. Retrieved from http://nstacommunities.org/blog/2016/10/17/computer science-should-supplement-not-supplant-science-education/

Gomes, C. (2009). Computational sustainability: Computational methods for a sustainable environment, economy, and society. The Bridge, 39 (4), 5–13. Google & Gallup. (2016). "Diversity gaps in computer science: Exploring the underrepresentation of girls, blacks, and hispanics." [Survey report]. Retrieved from http://services.google.com/fh/files/misc/diversity-gaps-in-computer science-report.pdf

Heinrichs, H. (2013). Sharing economy: A potential new pathway to sustainability. GAIA-Ecological Perspectives for Science and Society, 22 (4), 228–31.

International Society for Technology in Education. (2016). ISTE standards for students. Retrieved from www.iste.org/standards/for-computer science-educators.

John Walker, S. (2015). Review of the book Big data: A revolution that will transform how we live, work, and think, by Viktor Mayer-Schönberger & Kenneth Cukier. International Journal of Advertising, 33.

Karsten, J., & West, D. (2016, April 19). A brief history of U.S. encryption policy. Retrieved from www.brookings.edu/blog/techtank/2016/04/19/a-brief-history-of-u-s-encryption-policy/

Khondker, H. (2011). Role of the new media in the Arab Spring. Globalizations, 8(5), 675–79. doi: 10.1080/14747731.2011.621287

Krishnamurthi, S., & Schanzer, E. (2017, August 22). Bootstrap's data science course for middle-

and high-school students. Retrieved from www.techatbloomberg.com/blog/bootstraps-data-science-course-for-middle-and-high-school-students/

Lewis, C. (2017). Good (and bad) reasons to teach all students computer science. In Fee, S., Holland-Minkley, A., & Lombardi, T. (Eds.), New Directions for Computing Education (pp. 15–34). Springer.
McDowell, C., Werner, L., Bullock, H., & Fernald, J. (2003). The impact of pair programming on student performance, perception, and persistence. Proceedings of the 25th International Conference on Software Engineering, 602–7. doi: 10.1109/ICSE.2003.1201243

———. (2006). Pair programming improves student retention, confidence, and program quality. Communications of the ACM, 49(8), 90–95. doi: 10.1145/1145287.1145293

National Council for Teachers of Mathematics. (2016). Computer science and mathematics education [Position statement]. Retrieved from www.nctm.org/uploadedFiles/Standards_and_Positions/Position_Statements/Computer%20 science%20and%20math%20ed%20022416.pdf

National Governors Association Center for Best Practices, & Council of Chief State School Officers. (2018). Common Core State Standards for mathematics. Retrieved from www.corestandards.org/Math/

National Research Council. (2013). Next generation science standards: For states, by states. Washington, D.C.: The National Academies Press.

Papert, S. (1980). Mindstorms: Children, computers, and Powerful Ideas. New York, NY: Basic Books, Inc.

Patitsas, E., Berlin, J., Craig, M., & Easterbrook, S. (2016). Evidence that computer science grades are not bimodal. Proceedings of the 2016 ACM Conference on International Computing Education Research, 113–21. doi:10.1145/2960310.2960312

Puentedura, R. (2014). SAMR and TPCK: A hands-on approach to classroom practice. Retrieved from www.hippasus.com/rrpweblog/archives/2014/12/11/SAMRandTPCK_HandsOnApproach

Rose, E., Davidson, A., Agapie, E. & Sobel, K. (2016). Designing our future students: Introducing user experience to teens through a UCD charette. Proceedings of the 34th ACM International Conference on the Design of Communication, 22.

Sweigart, A. (2012, March 18). "How much math do I need to know to program?" Not that much, actually [Blog]. Retrieved from https://inventwithpython.com/blog/2012/03/18/how-much-math-do-i-need-to-know-to-program-not-that-much-actually/

Turing, A. (1950). I.—Computing machinery and intelligence. Mind LIX (236), 433–60. doi:10.1093/mind/LIX.236.433

Vaidyanathan, S. (2017, November 16). Why computer science belongs in every science teacher's classroom. EdSurge. Retrieved from www.edsurge.com/news/2017-11-16-why-computer science-belongs-in-every-science-teacher-s-classroom

Vigna, P., & Casey, M. (2016). The age of cryptocurrency: How bitcoin and the blockchain are challenging the global economic order. New York, NY: Picador.

Wakefield, J. (2016). Microsoft chatbot is taught to swear on Twitter. BBC News, 24.

Weintrop, D., & Wilensky, U. (2015). To block or not to block, that is the question: Students' perceptions of blocks-based programming. Proceedings of the 14th International Conference on Interaction Design and Children, 199–208. DOI:10.1145/2771839.2771860

———. (2017). How block-based languages support novices. Journal of Visual Languages and Sentient Systems, 3, 92–100.

Weintrop, D., Shepherd, D., Francis, P. & Franklin, D. (2017, 9–10 October). Blockly goes to work: Block-based programming for industrial robots. Paper presented at the IEEE Blocks and Beyond Workshop. Retrieved April 23, 2018, from IEEE Xplore. doi: 10.1109/BLOCKS.2017.8120406

Werner, L.L., Hanks, B., & McDowell, C. (2004). Pair-programming helps female computer science students. Journal on Educational Resources in Computing (JERIC), 4 (1). doi: 10.1145/1060071.1060075

Wigfield, A., & Meece, J.L. (1988). Math anxiety in elementary and secondary school students. Journal of Educational Psychology, 80(2), 210.

Williams, L. & Upchurch, R. L. (2001). In support of student pair-programming. ACM SIGCSE Bulletin, 33, 327–31. doi: 10.1145/364447.364614

Wing, J. M. (2006). Computational thinking. Communications of the ACM, 49(3), 33–35. Retrieved from www.cs.cmu.edu/~15110–s13/Wing06–ct.pdf.

Wolinsky, H. (2007). I, scientist. EMBO Reports, 8 (8), 720–22.

더 나은 개발자가 되고 싶다면 다음 학습자료들을 활용하세요.

## 온라인 코스와 연습자료

### 코드 아카데미 : https://www.codecademy.com

프로그래밍을 통해 특정 프로젝트를 만드는 과정을 사용자의 학습 속도에 맞게 배울 수 있습니다.

코드 아카데미는 주어진 제약 안에서 무엇이 맞고 틀린지를 파악하는 데 도움이 될 수는 있으나, 스스로 프로그램을 만들고 구축하는 데 필요한 개념을 근본적으로 이해하는 데는 한계가 있습니다.

이 두 가지를 위해서는 좀 더 개념적 지원이 가능한 스킬 빌딩 도구skill-building tool를 선택하는 것이 좋습니다.

[그림 A.1] 코드 아카데미 교육과정 예시

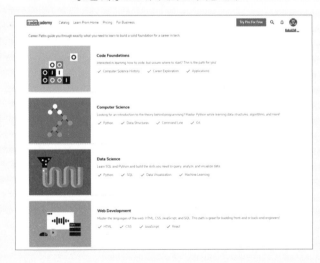

## 코드닷오알지 컴퓨터 과학 원리 : https://code.org/educate/csp

코드닷오알지의 컴퓨터 과학 원리는 고등학교 AP 과정이지만, 앱 랩<sup>App Lab</sup>을 사용하도록 되어 있습니다.

앱 랩에서 프로그래밍에 대해 알찬 내용을 얻기 위해서는 더욱 많은 노력을 기울여야 합니다.

[그림 A.2] 코드닷오알지 CS 원리 교육과정 예시

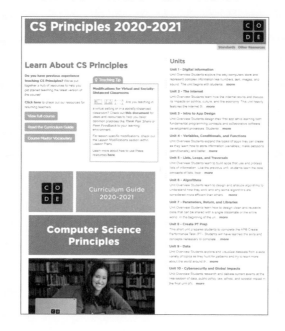

## 전문성 개발

교사가 프로그래밍을 공부하는 것과 더 나은 컴퓨터 과학 교사가 되는 것은 별개의 일입니다. 온라인 강의나 자기주도 강의는 교사의 전문성 개발을 위한 고품질 교육을 대신할 수는 없지만, 분명 좋은 점들도 많이 있습니다. 되도록이면 검증된 컴퓨터 과학 교사 전문성 개발 과정을 찾아 지역 모임에 참석하세요. 그리고 다음 자료들을 활용하여 컴퓨터 과학 교육학을 발전시켜 보세요.

## CSTA 가입하기

CSTA는 컴퓨터 과학을 가르치는 모든 교사들이 거쳐야 할 첫 번째 여정이어야 합니다.

CSTA는 풍부한 연례 컨퍼런스를 개최하고, 국가 표준문서를 개발하고, 학습자료가 담긴 소식지를 발간하는 것 외에도 지역별 챕터를 구성하여 지역 네트워크를 구축 및 발전시키기 위한 실질적인 지원을 하고 있습니다.

"나는 컴퓨터 과학 교사가 아니에요…" 라고 말하기 전에 잠깐 멈추세요!

CSTA는 컴퓨터 과학을 가르치는 모든 교사를 위한 것입니다.

이 책의 아이디어를 함께 탐구하고 논의하고 싶다면 더 이상 주저하지 말고 CSTA에 가입하세요.

※ CSTA 가입하기 : https://www.csteachers.org/page/join-csta
※ CSTA 챕터 신청하기 : https://csteachers.org/page/start-a-chapter

## ISTE 컴퓨터 과학 네트워크에 가입하기

ISTE에는 전문 학습 네트워크(Professional Learning Networks, PLNs)가 주제별로 활발히 운영되고 있습니다. 그 중에서 컴퓨터 과학 네트워크는 전 세계의 컴퓨터 과학 교육자들을 연결하여 컴퓨터 과학과 컴퓨팅 사고를 가르치기 위한 유용한 자료를 공유하고 있습니다.

※ ISTE PLNs : https://connect.iste.org/community/learningnetworks
※ ISTE Computer Science Network : https://bit.ly/ISTE-CS-Network

## 컴퓨터 과학 디스커버리 교육과정 가이드 읽기

컴퓨터 과학 디스커버리CS Discoveries는 제가 개발했던 코드닷오알지의 교육과정 프로젝트 중 하나입니다. 이 과정은 6~10학년(우리나라 중학교 1학년~고등학교 1학년) 학생들을 위한 컴퓨터 과학 입문과정이며, 교육과정 가이드에서는 반드시 필요한 철학적인 내용을 중점적으로 다룹니다.

코드닷오알지의 컴퓨터 과학 디스커버리 교육과정을 가르치지 않더라도, 어떠한 방법으로 설계되었으며 왜 그렇게 설계되었는지에 대해 읽고 나면, 수업을 직접 설계하는 데 도움이 될 것입니다.

※ 코드닷오알지의 CS 디스커버리 소개 :
https://code.org/educate/csd
※ 코드닷오알지의 CS 디스커버리 교육과정 가이드(2020-2021) :
https://curriculum.code.org/csd-20

앱 랩App Lab은 전적으로 웹 기반 도구이므로, 교실에서 사용하기 전에 별도로 설정할 것이 거의 없습니다.

학생들의 작업 과정을 기록 및 확인하기 위해서는 다음과 같이 설정합니다.

## 교사 계정 만들기

가장 먼저, 코드닷오알지(https://code.org)에서 계정을 만듭니다. 클래스룸 관리 도구를 사용할 수 있도록 계정 유형은 "교사"를 선택합니다.

## 교실 섹션 만들기

코드닷오알지에서 교사 계정을 만들고 로그인을 하면 각 수업마다 새로운 "교실 섹션"을 만들 수 있습니다.

[그림 B.1] 교실 섹션 만들기

교실 섹션을 만들 때 가장 중요하게 고려할 것은 학생들이 해당 섹션에 로그인하는 방법입니다.

[그림 B.2] 섹션 로그인 방법 선택

세 가지 학생 로그인 방법은 다음과 같습니다.

## 이미지 로그인 :

어린 학생들, 특히 글을 잘 읽지 못하는 4~8세 아동을 위한 것으로 학생들은 로그인 페이지에서 자신의 이름과 자동 생성된 그림을 일치시켜야 합니다.

이미지 로그인 방법으로 학생 계정을 만들 때 스프레드시트에서 복사/붙여넣기를 하면 여러 명의 학생들을 일괄적으로 추가할 수 있습니다.

## 단어 로그인 :

학생들이 명단에서 자신의 이름 선택하고 나서 두 개의 비밀 단어를 입력합니다. 그 밖에는 이미지 로그인과 동일합니다.

[그림 B.4] 단어 로그인 화면 예시

## 개인 로그인(Personal Logins) :

학생들이 이메일 주소를 가지고 있다면, 수업을 모두 마친 후에도 학생들이 자신의 계정을 쉽게 관리할 수 있고 교실 섹션도 관리하기 수월하도록 개인 계정으로 로그인하는 방법을 선택하는 것이 좋습니다.

개인 로그인에서는 학생들이 자신의 이메일 주소를 사용하여 코드닷오알지 계정을 만들고, 교사로부터 해당 교실 섹션에 참여할 수 있는 특수 코드를 받아 입력합니다.

**[그림 B.4] 개인 로그인 화면 예시**

위 세 가지 외에도 구글 클래스룸(Google Classroom, https://classroom.google.com)이나 클래버(Clever, https://clever.com)로 만든 클래스를 추가할 수 있습니다. 나머지 사항은 여러분이 원하는 것으로 선택하여 섹션 설정을 완료합니다.

우리는 코드닷오알지의 교육과정을 그대로 사용하지 않기 때문에 학생들을 어떤 코스에 배정하든 (실수로 컴퓨터 과학 발견에 배정해도) 상관이 없습니다.

**[그림 B.5] 코스 선택 예시**

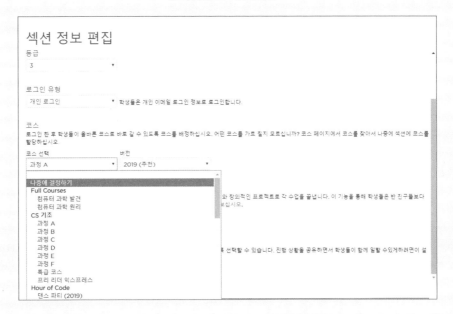

## 과제 부여하기

학생들에게 프로젝트 과제를 부여할 때 가장 쉬운 방법은 이 책의 웹 사이트(www.creativecodingbook.com)에서 제공하는 앱 템플릿을 리믹스하도록 하는 것입니다.

앱 랩에서 예제 앱의 코드를 확인하고 "리믹스" 메뉴를 클릭하거나 프로젝트 URL 주소의 끝에 "/remix"를 추가로 작성하면 나만의 새로운 버전으로 만들 수 있습니다. 리믹스 버전으로 프로젝트 코드를 수정하려면 "/edit"를, 프로젝트 코드를 확인하려면 "/view"를 작성합니다.

다른 방법으로는 학생이 코드닷오알지의 웹사이트(https://studio.code.org/projects)에 접속하여 빈 프로젝트로 시작하도록 합니다.


## 학생 과제 수합하기

코드닷오알지의 기존 교육과정을 외부에서 사용하면 코드닷오알지의 교사용 대시보드 기능을 모두 사용할 수 없지만, 매우 유용한 기능 하나를 사용할 수 있습니다. 섹션 세부 정보에서 "프로젝트" 탭을 클릭하면 해당 섹션에서 학생들이 만든 프로젝트들을 모두 확인할 수 있습니다.

학생이 만든 프로젝트를 검토할 준비가 되었는지 쉽게 확인하기 위해서는 학생들이 프로젝트 제목을 특정 포맷에 맞춰 저장하도록 합니다. 예를 들어, 프로젝트 제목이 "프로젝트 : 텍스트 어드벤처[작업 중]"이라면 아직 학생이 해당 프로젝트에서 작업 중이라는 것이고, "프로젝트 : 텍스트 어드벤처[제출]"이면 교사가 검토할 준비가 된 것입니다.

이상 코드닷오알지 플랫폼에서 교실 섹션을 설정하는 데 반드시 필요한 최소한의 내용을 소개했습니다.

코드닷오알지의 지원 섹션(https://support.code.org)에서 클래스 룸 관리 도구에 대한 자세한 내용을 확인할 수 있습니다.

이 책은 프로그래밍 언어와 환경을 일관성 있게 유지하기 위해 모든 프로젝트에서 앱 랩을 사용하도록 했습니다.

앱 랩은 학생들이 자신의 속도에 맞춰 블록 기반 언어에서 텍스트 기반 언어로 전환할 수 있는 훌륭한 다목적 프로그래밍 환경입니다. 그러나 앱 랩이 이 책에 수록된 프로젝트를 구현하는 데 사용할 수 있는 유일한 언어는 아닙니다. 또한, 앱 랩이 모든 종류의 프로그래밍 프로젝트나 교실 수업에 적용할 수 있는 것도 아닙니다.

다음은 중학교에서 널리 사용되는 프로그래밍 도구를 사용하도록 수정한 프로젝트 활동입니다.

## 스크래치

스크래치는 프로그래밍 언어와 환경이 하나로 된 도구입니다.

MIT의 평생 유치원 그룹Lifelong Kindergarten group at MIT에서 개발한 스크래치는 시모어 페퍼트의 목표인 "낮은 문턱(누구나, 어린 아이들도)", "넓은 벽(다양한 분야와 주제)", "높은 천장(전문가 수준까지)"을 반영하여 개발되었습니다.

학생들은 스크래치의 블록 기반 환경에서 스크래치 기능을 스스로 탐험하고 발견할 수 있으며, 여러 가지 프로그래밍 패러다임이 조합된 환경에서 주어진 문제를 다양한 방식으로 해결할 수 있습니다.

스크래치를 사용하여 프로젝트를 진행할 경우, 여러분이 해결해야 할 가장 큰 차이점은 앱 랩에서 만든 화면과 요소들을 스크래치의 무대stage[69]와 스프라이트sprites[70]로 표현해야 하는 것입니다.

스크래치에서 가장 중요한 사고력 도구thinking tool는 바로 스프라이트입니다. 학생들은 코드를 통해 스크린 화면 위에 표시되는 캐릭터인 스프라이트와 상호작용할 수 있습니다.

앱 랩에서 디자인 요소로 만든 것들은 스크래치의 스프라이트로 모두 표현할 수 있습니다.

앱 랩에서 만든 클릭 버튼? 스크래치의 스프라이트로 만들 수 있습니다!

앱 랩에서 만든 텍스트 단락? 스프라이트!

앱 랩에서 만든 여러 개의 화면들? 여러개의 스프라이트!

스크래치 프로그램에 대해 더 많은 것을 알고 싶다면, https://scratch.mit.edu/ideas 에서 스크래치 아이디어와 온라인 튜토리얼을 확인하세요.

교과별 프로젝트를 진행하기 위해 기본적으로 수정해야 할 사항은 다음과 같습니다.

## 언어

스크래치에는 앱 랩에서 사용했던 화면과 이벤트에 대한 동일한 개념이 없습니다. 대신 스프라이트와 [모양] 기능을 사용하여 비슷하게 표현합니다. 예를 들어, 화면 위에 텍스트 영역을 나타내는 스프라이트를 만든 후 [모양] 탭에서 앱 랩에서 만들었던 화면과 비슷하게 꾸미고 텍스트를 입력합니다.

## 사회

사회 교과에서 제작한 프로젝트는 스크래치에서도 쉽게 적용할 수 있습니다. 가장 큰 변화는 앱 랩에서 만든 화면과 디자인 요소를 스크래치의 무대와 스프라이트로 표현한다는 것

---

69) 스프라이트를 제어하는 명령어인 스크립트(scripts)가 실행되는 곳

70) 스크래치 프로그램에서 움직일 수 있는 객체

입니다. 일반적으로 스크래치에서 텍스트 기반 앱을 표현하는 것은 덜 효과적입니다. 학생들은 스프라이트의 [모양] 탭에서 편집 도구를 사용하여 텍스트를 포함한 스프라이트를 새로 만들어야 합니다.

## 수학

앱 랩에서 구현했던 함수형 프로그래밍은 스크래치에서 만들 수 없습니다. 그러므로 값을 반환하고 별 다른 오류없이 실행되는 대수 함수를 이용하여 비슷한 앱을 만들어야 합니다.

앱 랩에서 만든 것과 비슷한 결과를 얻기 위해서는 절차적 프로그래밍procedural programming 방식으로 프로젝트를 만듭니다.

묻고 기다리기 [숫자를 입력하세요 라고 묻고 기다리기] 블록을 사용하여 입력된 숫자를 가져오고, 수학 연산 블록과 대답하기 블록을 사용하여 결과를 산출하고 [대답 + 2], 말하기 블록 [대답 + 2 말하기] 을 사용하여 화면에 결과를 보여줍니다.

## 과학

스크래치에서는 앱 랩에서 사용했던 데이터베이스 백 엔드와 동일한 기능을 지원하지는 않지만, 동일한 프로그램 내에서 다양한 용도로 사용할 수 있는 "클라우드" 변수 [실험결과] 를 지원합니다.[71]

클라우드 변수를 사용하여 실험 값을 저장하는 경우에는 데이터 테이블을 사용할 때보다 제약이 더 많습니다. 이때에는 변수 값을 증가시키는 실험을 설계하는 것이 좋습니다.

---

71) 스크래치를 새로 가입한 뉴 스크래쳐(New Scratchers)는 클라우드 데이터 사용이 제한되어 있습니다. 이메일 인증하기, 프로젝트 2개 이상 공유하기, 일정 기간 동안 꾸준히 활동하기, 스크래치 웹 사이트에서 활동하기, 다른 사람의 프로젝트에 댓글 달기 등 스크래치 활동을 활발히 하면 스크래쳐(Scratchers)로 승급되어 클라우드 변수를 사용할 수 있습니다.

[그림 C.1] 클라우드 변수 만들기 예시

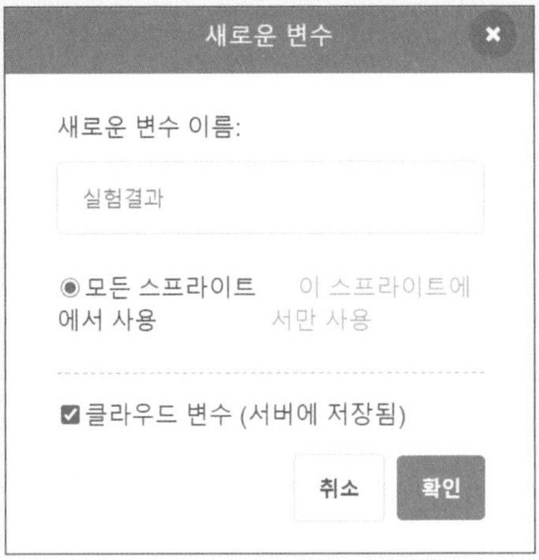


[그림 C.2] 클라우드 변수에 저장된 데이터 기록 예시

Which computer do you like better? » **Cloud data history**

| User | Data Name | Action | Data Value | Time |
|---|---|---|---|---|
| Sorrelwhisker | Windows | set_var | 9 | 1 month, 3 weeks ago |
| Sorrelwhisker | Macintosh | set_var | 2 | 1 month, 3 weeks ago |
| Sorrelwhisker | Windows | set_var | 8 | 1 month, 3 weeks ago |
| PinotPie | Windows | set_var | 7 | 2 months, 1 week ago |
| PinotPie | Windows | set_var | 6 | 2 months, 1 week ago |
| goldfish678 | Windows | set_var | 5 | 4 months ago |
| ClayGuy | Windows | set_var | 4 | 4 months, 1 week ago |
| kyler7 | Windows | set_var | 3 | 4 months, 2 weeks ago |
| woofwoof2 | Windows | set_var | 2 | 4 months, 2 weeks ago |
| sabynlove | Macintosh | set_var | 1 | 4 months, 2 weeks ago |
| Pokecollets | Windows | set_var | 1 | 4 months, 2 weeks ago |

※ 출처 : 스크래치 위키

# 파이썬

파이썬Python은 일반적으로 미국 중학교에서 처음 배우는 텍스트 기반 프로그래밍 언어입니다. 파이썬은 자바스크립트나 C 언어와 같은 프로그래밍 언어 보다는 읽기 쉬운 문법을

사용합니다.

파이썬에서는 중괄호(예 : {}) 와 세미콜론 대신 주로 공백으로 코드의 구조를 표현합니다. 예를 들어, 동일한 루프 구조의 코드를 자바스크립트와 파이썬으로 각각 작성한 것을 비교해 보면 다음과 같습니다.

*Javascript*

```javascript
for (var i=0; i<10; i++) {
  console.log(i);
}
```

*Python*

```python
for number in range(0, 10):
  print(number)
```

파이썬 코드를 큰 소리로 읽으면 일반적인 영어를 구사하는 것과 비슷하게 들립니다. 때문에 파이썬은 추가적인 구문 요소가 없이도 코드의 의미를 보다 효과적으로 전달할 수 있습니다. 만약 여러분이 수업에서 파이썬을 사용하고 싶다면, 자바스크립트와 마찬가지로 파이썬도 단지 언어의 한 종류라는 것을 기억해야 합니다.

앱 랩은 자바스크립트를 쉽게 프로그래밍할 수 있는 추가 기능들을 많이 제공합니다. 앱 랩에서 만들었던 프로젝트를 파이썬으로 구현하기 위해서는 파이썬 개발 환경과 함께 일부 추가 라이브러리도 설치해야 합니다. 파이썬으로 그래픽 앱을 만들려면 더 많은 작업이 필요합니다. 파이썬을 가르치기 위해 많은 시간을 투자할 수 없는 경우에는 텍스트 기반 프로그램에만 집중하는 것이 좋습니다.

## 언어

파이썬은 텍스트를 처리하는 환상적인 프로그래밍 언어이므로, 앱 랩에서 만들었던 프로젝트를 자연스럽게 구현할 수 있습니다. 파이썬에서 텍스트 콘솔만 사용하면 조크<sup>Zork</sup>나 1980년대에 나온 텍스트 기반 어드벤처 소설 느낌을 재현할 수 있습니다.

## 사회

파이썬 만으로는 앱 랩에서 만든 것처럼 독립 실행형 앱을 만들기가 어렵습니다. 실제로 파이썬에 많은 시간과 노력을 투자하지 못하는 경우에는 사회 프로젝트는 파이썬으로 진행하는 것을 권장하지 않습니다.

## 수학

화려한 그래픽적인 인터페이스가 없어도 된다면, 파이썬으로도 수학 프로젝트를 만들 수 있습니다. 사용하고자 하는 모든 함수를 파이썬 파일에 정의한 후 파일을 불러와서import 커맨드 라인에서 함수를 실행합니다.

## 과학

파이썬은 많은 분야의 과학자들이 사용하는 언어로, 데이터를 처리하고 조작하는 데 최적의 도구입니다. 파이썬을 사용할 때 해결해야 할 과제는 실험 데이터를 저장할 수 있는 데이터베이스에 연결하는 것입니다.

수업 목표에 따라 여러 가지 방법을 선택할 수 있습니다. 데이터를 유지하지 않아도 되는 경우(프로그램을 종료할 때 모든 데이터가 손실되어도 무방하다면) 간단한 변수를 사용하여 수집된 실험 데이터를 저장할 수 있습니다.

데이터를 영구적으로 보존하고 싶은 경우에는 "tinydb[72]"나 "sqlite3[73]"와 같이 파이썬 패키지로 나온 퀵 데이터베이스를 설치합니다.

---

72) https://tinydb.readthedocs.io/en/latest

73) https://www.sqlite.org/index.html

2016 ISTE 학생표준2016 ISTE Standards for Students은 학생들이 상호 연결된 디지털 세상에 적극 참여하고, 성공적으로 살아가는 데 필요한 역량과 자질을 기를 수 있도록 합니다.

2016 ISTE 학생 표준은 교사들이 범교과 차원에서 참고하도록 구성되었으며, 모든 연령대의 학생들이 다양한 학습경험을 통해 필요한 역량을 함양하는 것을 목표로 하고 있습니다.

ISTE 학생 표준 내용에 기반한 기본적인 기술 역량technology skills은 학생들뿐 아니라 교사들 역시 반드시 책임감 있게 습득해야 합니다. ISTE 학생 표준을 모두 숙지한 교사는 학생들이 기술을 활용하여 학습하는 과정에서 멘토 역할을 하며 다양한 영감을 줄 수 있으며, 학생 스스로가 자신의 학습을 관리할 수 있도록 이끌어줄 수 있습니다.

## 1. 유능한 학습자Empowered Learner

기술을 활용하여 학습 목표에서 제시하는 역량을 선택하고 달성하여 본인의 역량을 학습 과학 차원으로 입증합니다.

a. 자신의 학습 목표를 명확히 세우고, 기술을 활용하여 목표를 달성하기 위한 전략 세우기. 학습에 대한 성취를 더욱 향상시키기 위해 지나온 학습 과정 되돌아보기.
b. 학습 과정에서 도움을 받을 수 있는 학습 네트워크를 구축하고, 자신만의 학습환경 마련하기.
c. 기술을 사용하여 자신의 학습을 점검하고 피드백을 구하거나 이미 학습한 내용을 다양한 방법으로 표현하기.
d. 기술의 기본적인 원리를 이해하고, 현존하는 기술을 필요에 맞게 선택하여 사용하거나 문제해결 과정에 적용하기. 사전 지식들을 활용하여 새 미래의 기술 탐구하기.

## 2. 디지털 시민Digital Citizen

상호 연결된 디지털 세계에서 생활, 학습, 일할 수 있는 권리와 책임, 기회를 인식하고 안전하고 합법적이며 윤리적인 방식으로 행동하고 모델링한다.

a. 개인 디지털 ID<sup>Digital Identity</sup>를 만들고 관리하기. 디지털 세계에서는 자신이 취한 행동이 영구적으로 보존될 수 있음을 인지하기.

b. 기술<sup>Technology</sup>을 사용하거나 온라인에서 다른 사람들과 상호작용할 때, 그리고 인터넷에 연결된 장치를 사용할 때에는 긍정적이고 안전하며 합법적이고 윤리적인 행동 취하기.

c. 지적 재산권이 있는 콘텐츠를 사용하거나 공유할 때에는 저작자의 권리와 의무를 이해하고 존중하기.

d. 기술을 사용하여 개인 정보를 관리할 때 디지털 프라이버시와 보안 유지하기. 온라인 활동 기록을 추적할 수 있는 데이터 수집 기술에 대해 알기.

## 3. 지식 구성가 Knowledge Constructor

디지털 도구를 사용하여 다양한 정보를 비판적으로 관리함으로써 자신과 타인을 위한 지식을 구성하고, 창의적인 산출물을 만들고, 의미 있는 학습 경험을 만든다.

a. 지적인 목적 혹은 창의적인 연구를 하기 위해 효과적인 연구 전략을 계획하고 실천하여 연구에 필요한 정보와 자료들을 수집하기.

b. 정보, 미디어 데이터, 기타 자료들의 정확성, 관점, 신뢰성, 관련성 등을 평가하기.

c. 다양한 도구와 방법을 사용하여 디지털 자료들로부터 필요한 정보를 수집하고 관리하기.
   의미 있는 정보들의 연관성을 찾고 결론을 도출하여 새로운 정보 만들기.

d. 실제적인 이슈와 문제들을 적극적으로 탐구하고, 아이디어와 이론을 개발하며, 질문에 대한 답이나 문제해결을 위한 솔루션을 찾는 과정을 겪으며 지식 구성하기.

## 4. 혁신적인 디자이너 Innovative Designer

문제를 파악하고 해결하는 과정에서 다양한 기술<sup>technology</sup>을 활용하여 새롭거나 의미있고, 창의적인 솔루션을 만들어 낸다.

a. 아이디어를 내고, 이론을 검증하고, 혁신적인 산출물을 만들고, 결론적으로 문제를 해결하기 위해서 필요한 디자인 절차를 알고, 이를 실천하기.

b. 제약조건과 위험 요소를 고려해서 디자인 절차를 계획하고 관리하기. 적절한 디지털 도구를 선택하고 사용하기.

c. 순환적인 디자인 절차를 따라 개발하기, 테스트하기, 프로토타입 개선하기 등의 단계 거치기.

d. 때로는 모호한 것을 용인하고, 끈기와 인내심을 갖고 답이 정해지지 않은 개방형 문제open-ended problems 해결하기.

## 5. 컴퓨팅 사고가Computational Thinker

문제를 이해하고 해결하기 위해 문제해결 전략을 개발하고 적용한다. 문제해결 솔루션을 개발하고 테스트하는 과정에서 기술적 방법을 적극 활용한다.

a. 데이터 분석, 추상화 모델, 알고리즘적 사고 등 기술을 적절히 활용할 수 있는 문제를 찾아 정의하기, 문제를 공식화하여 문제해결 방법 탐구하기.

b. 문제해결 및 의사결정을 하기 위해 데이터를 수집하거나 관련 데이터 세트 식별하기. 디지털 도구를 사용하여 수집한 데이터 분석하기. 다양한 방법으로 데이터 표현하기.

c. 복잡한 시스템을 이해하고 효과적으로 문제를 해결하기 위해 문제를 세부 구성 요소들로 분해하기. 문제해결에 필요한 핵심 정보 추출하기. 문제를 구성하는 요인들 사이의 관계를 설명하는 기술 모델descriptive models 개발하기.

d. 작업을 자동화시키는 방법 이해하기. 알고리즘적 사고를 통해 자동화된 솔루션을 만들고 테스트하는 절차 개발하기.

## 6. 창의적 소통가Creative Communicator

목적에 맞게 플랫폼, 도구, 스타일, 형식, 디지털 미디어 등을 적절히 사용하여 다른 사람에게 자신의 의견을 명확하게 전달하고, 자신을 창의적인 방법으로 표현한다.

a. 창작의 목적, 혹은 소통의 목적을 고려하여 적절한 플랫폼이나 도구 선택하기.

b. 자신만의 새로운 창작품을 만들거나 책임감을 가지고 기존 디지털 자료들을 리믹스하거나 새로운 작품으로 재구성하기.

c. 디지털 객체를 시각화하거나 모델, 혹은 시뮬레이션과 같은 다양한 방법으로 생성하거나 사용하여 복잡한 아이디어를 명확하고 효과적으로 전달하기.

d. 사용자가 원하는 메시지가 담긴 콘텐츠, 사용자가 필요로 하는 매체 등 사용자 맞춤형 콘텐츠를 만들어 게시하고 발표하기.

### 7. 글로벌 협력가Global Collaborator

디지털 도구를 사용하여 다른 사람들과 협력하고, 지역 내 혹은 전 세계 사람들과 팀을 이루어 효과적으로 작업함으로써 세상을 바라보는 시각을 더욱 넓히고, 학습의 질을 높인다.

a. 디지털 도구를 사용하여 다양한 문화적 배경을 가진 학습자들과 소통하고, 서로를 이해하고 존중하며 함께 학습하는 데 적극 참여하기.

b. 협력적인 기술collaborative technologies을 사용하여 동료 학습자나 전문가, 지역사회 구성원 등 다른 사람들과 함께 작업하고, 이슈와 문제를 다양한 관점으로 탐구하기.

c. 공동의 목표를 달성하고 여럿이서 효과적으로 작업하기. 팀 프로젝트에 적극 참여하고, 다양한 역할을 수행하고, 책임감 있게 행동하기.

d. 지역사회의 이슈와 글로벌 이슈에 대해 탐구하고, 협업 기술을 사용하여 다른 사람들과 함께 솔루션 개발하기.